Thomas Möbius

Wie interpretiere ich Lyrik?

Übungen mit Lösungen

Band 2: Realismus bis Postmoderne
24 Gedichte bzw. Gedichtvergleiche
und ihre Interpretationsaufsätze

Ein epochenbezogenes Kompendium für Lehrer
und ein Übungsbuch für Schüler der Mittel- und Oberstufe

W0401813

Bange Verlag

Über den Autor:

Thomas Möbius, geboren 1963 in Heidelberg, Studium der Germanistik und ev. Theologie, Promotion zum Dr. phil. in der germanistischen Mediävistik, Stipendiat der Konrad-Adenauer-Stiftung, Lehraufträge an der Universität Heidelberg, 1991–2001 Lehrer an einem Gymnasium in Mannheim, seit 2002 Akademischer Rat für Literaturwissenschaft und Literaturdidaktik an der Pädagogischen Hochschule Heidelberg, mehrjährige Auslandsaufenthalte in Mailand, Rom und Singapur, Autor von Lernhilfen und Königs-Erläuterungen des Bange Verlags.

1. Auflage 2003
ISBN 3-8044-1461-3
© 2003 by C. Bange Verlag, 96142 Hollfeld
Gestaltung: Georg Lehmacher, Friedberg (Bay.)
Alle Rechte vorbehalten!

Thomas Möbius

Wie interpretiere ich Lyrik?

Übungen mit Lösungen

Band 2: Realismus bis Postmoderne
24 Gedichte bzw. Gedichtvergleiche
und ihre Interpretationsaufsätze

Ein epochenbezogenes Kompendium für Lehrer
und ein Übungsbuch für Schüler der Mittel- und Oberstufe

Bange Verlag

Inhaltsverzeichnis Band 2

* Gedichte, die für die Mittelstufe besonders geeignet sind

Hinweise zur Benutzung des Buches

Der vorliegende dritte Band der Lyrik-Lernhilfenreihe des Bange-Verlags ist nach der theoretischen Annäherung an Lyrik im Basiswissen-Band (Matzkowski) und der Anleitung zur Gedichtinterpretation von Herrn Brand ein an der Praxis der Gedichtinterpretation orientiertes Übungsbuch.

Dieser dritte Band besteht aufgrund der Fülle der zu behandelnden Gedichte wiederum aus zwei Teilbänden: Im ersten Teilband finden sich die Epochen vom Mittelalter bis zur Romantik, im zweiten Teilband werden die Epochen vom Realismus bis zur Moderne behandelt.

Die Gedichte aus allen in der Schule behandelten literarischen Epochen stellen ein Kompendium möglicher Aufgabenstellungen für Klassenarbeiten dar. Schülerinnen und Schüler haben die Möglichkeit, sich intensiv auf das Unterrichtsthema „Gedichtinterpretation" vorzubereiten oder für bevorstehende Klausuren zu üben.

Die wesentlichen Gedichtformen sind vertreten: Ballade, Minnelied, Erlebnislyrik, Gedankenlyrik, Lied, Liebeslyrik, moderne Lyrik und Sonett. Die jeweiligen Aufgabenstellungen sind typisch für die Klausur über Lyrik: Zumeist wird als Erstes eine inhaltliche bzw. gedankliche Analyse verlangt, dann sollen die poetischen Mittel herausgearbeitet werden und schließlich wird das Gedicht in einer zusammenfassenden Gesamtinterpretation gewürdigt.

Der Lösungsvorschlag enthält die verlangten Antworten in Grundzügen. Der Hauptteil ist größtenteils stichwortartig verfasst, während Einleitung und Schluss knapp ausformuliert werden. Dahinter steht die Erfahrung, dass Schülerinnen und Schüler es häufig als schwierig empfinden, den richtigen Ton für den Interpretationsaufsatz „anzustimmen". Außerdem enthält die Einleitung meist noch zusätzliche Informationen, die Schülerinnen und Schülern nicht bekannt sein dürften. Der stichwortartige Hauptteil eignet sich dagegen für einen Vergleich mit den eigenen Ergebnissen der Analyse und der Interpretation besser als ein ausformulierter Text. Darüber hinaus haben die Schülerinnen und Schüler hierbei noch eigenständige Formulierungsarbeit zu leisten, wenn sie einen eigenen Interpretationsaufsatz verfassen wollen.

Für die Arbeit mit diesem Übungsbuch empfehlen sich zwei Vorgehensweisen: Ein Weg, der sich am ehesten für die Mittelstufe anbietet, stellt eine induktive Umgangsweise mit dem Buch in den Vordergrund, indem

Schülerinnen und Schüler den literarischen Text und sofort anschließend den Lösungsvorschlag lesen. Der Lösungsvorschlag wird konkret am Text nachvollzogen – etwa durch Anstreichungen und Randnotizen, was im Lesebuch der Schule im Normalfall nicht möglich ist. Dann versucht man, vom durchgearbeiteten Text ausgehend, eine Interpretation zu schreiben. Schülerinnen und Schüler der Mittelstufe können auch an den nicht mit * gekennzeichneten Texten üben, wenn sie sich auf die Erarbeitung einer Inhaltsangabe, die Erarbeitung der Aussage sowie einzelner sprachlicher Mittel beschränken.

Der andere Weg, der sich für die Oberstufe eignet, sieht so aus, dass man sich das Gedicht und die Arbeitsaufgabenstellung durchliest und dann entscheidet, ob man eher die Gesamtaufgabe oder eine Teilaufgabe, z. B. das Erkennen sprachlicher Mittel, üben möchte. Die stichwortartige Bearbeitung der Aufgabe kann auf einem separaten Blatt erfolgen. Beim späteren Vergleich mit dem Lösungsvorschlag sollte man sich die Fehlerquellen genau notieren.
Nach der Kontrolle der eigenen Ergebnisse ist es sinnvoll, die vorhandenen Stichworte in der Form eines Aufsatzes zu formulieren; der Deutschlehrer oder die Deutschlehrerin ist sicherlich bereit, sich den Aufsatz durchzulesen.

Über den Charakter eines Übungsbuches für Schülerinnen und Schüler hinaus stellt der Band ein überblicksartiges Kompendium für Unterrichtende dar. Zwar kann die Übernahme vorgefertigter Interpretationsbausteine die eigene Beschäftigung mit dem Text nicht ersetzen, aber Auswahl und Anlage lassen verschiedene Verwendungsmöglichkeiten für Lehrerinnen und Lehrer zu:

- Kurzübersicht über die interpretationsrelevanten Gesichtspunkte eines im Unterricht zu behandelnden Textes;
- Ergänzung der in den jeweiligen Lesebüchern angebotenen Texte;
- Klassenarbeits- oder Klausurtexte mit Lösungsangeboten;
- Präsentation von stichwortartigen Lösungsvorschlägen als Anhaltspunkte für die Erstellung einer zusammenhängenden Interpretation.

Das Buch enthält auch Übungen zum Gedichtvergleich, der von Schülerinnen und Schülern oft als besonders schwierig angesehen wird. Die Anforderungen des Gedichtvergleichs lassen sich folgendermaßen beschreiben: Neben der häufigsten Form des thematischen Vergleichs, der auch die beiden Beispiele im Band angehören, bieten sich als weitere Möglichkeiten an:

- Vergleich zweier thematisch verschiedener Gedichte einer Epoche mit der Aufgabe, epochentypische Merkmale herauszustellen;
- Vergleich zweier Gedichte eines Autors (möglicherweise aus unterschiedlichen Schaffensphasen) mit der Aufgabe, die Behandlung der (möglicherweise) unterschiedlichen Motive darzustellen und zu interpretieren;
- Vergleich von Gedichten vor verschiedenen historischen oder religiös–philosophischen Hintergründen.

Bei der Gestaltungsweise des Interpretationsaufsatzes zum Gedichtvergleich lassen sich grundsätzlich zwei Arten unterscheiden:

- Verfahren der vergleichenden Einzelinterpretation, d. h., beide Gedichte werden zunächst einzeln für sich interpretiert, während der eigentliche Vergleich in der Zusammenschau am Ende erfolgt. Dieses Verfahren lässt sich für den Schreibenden und den Leser leicht nachvollziehen, allerdings besteht die Gefahr, dass man zwei profunde Einzelinterpretationen verfasst, das vergleichende Moment dagegen vernachlässigt.
- Verfahren der Interpretation nach Einzelaspekten, d. h., die Gemeinsamkeiten und Unterschiede in jeweils einem thematischen oder sprachlichen Vergleichspunkt werden herausgearbeitet. Dieses Verfahren hat den Vorteil, dass der Vergleich deutlich und nachvollziehbar wird. Allerdings besteht der Nachteil, dass die Gesamtinterpretation unter Umständen zerstückelt wirkt.

In jedem Kapitel führen grundlegende Informationen in die jeweilige Epoche ein. Eine Liste motivgleicher Gedichte, die sich für den Gedichtvergleich eignen, ein umfangreiches Glossar zu den Grundbegriffen der Poetik und ein ausführliches Stichwortverzeichnis machen das vorliegende Buch zu einem nützlichen und kompetenten Nachschlagewerk für alle Fragen in Sachen Lyrik.

Stichwortverzeichnis

1. Realistische Lyrik des 19. Jahrhunderts (1850–1890)

Inhaltliche Merkmale

Biedermeier:
unpolitische Dichtung:
Selbstbescheidung und Mäßigung, Liebe zum Kleinen;
konservative Vorstellung befriedigt Bedürfnis nach Ruhe
und privatem Glück

Vormärz/Junges Deutschland:
Ablehnung des Absolutismus, des Idealismus, der Klassik und Romantik;
Forderung nach Presse- und Meinungsfreiheit

Bürgerlicher Realismus:
Stoffe aus der Wirklichkeit;
distanzierte, mitunter künstlerische Umwandlung der Wirklichkeit
durch humorvolle Betrachtung und Metaphorik;
Thema: Beziehung des einzelnen Menschen zur Gesellschaft;
Mensch in Kausalkette schicksalhafter Faktoren

Hauptvertreter und Werke

Biedermeier:
Annette von Droste-Hülshoff (1797–1848): *Die Judenbuche*;
Adalbert Stifter (1805–1868): *Der Nachsommer*;
Eduard Mörike (1804–1875): *Mozart auf der Reise nach Prag*

Vormärz/Junges Deutschland:
Georg Büchner (1813–1837): *Dantons Tod, Woyzeck*;
Heinrich Heine (1797–1856): *Buch der Lieder*

Bürgerlicher Realismus:
Theodor Fontane (1819–1898): *Effi Briest*;
Theodor Storm (1817–1888): *Der Schimmelreiter*;
Conrad Ferdinand Meyer (1825–1898): *Das Amulett*;
Friedrich Hebbel (1813–1863): *Agnes Bernauer*

Formale Merkmale

Biedermeier:
Stimmungsbild; Novelle;
Reisebild; Dingsymbol

Vormärz/Junges Deutschland:
Flugschrift;
Offene Dramenform

Bürgerlicher Realismus:
(Gesellschafts-)Roman;
Novelle

1.1 Heinrich Heine
*Belsazar**

Arbeitsaufgabe:
Erarbeiten Sie den inhaltlichen Aufbau der Ballade und entwickeln Sie ihre Aussage. Welche sprachlichen Mittel kommen zum Einsatz?

Heinrich Heine (1797–1856)
***Belsazar* (1822)**

Die Mitternacht zog näher schon;
In stummer Ruh lag Babylon.

Nur oben in des Königs Schloss,
Da flackert's, da lärmt des Königs Tross.

Dort oben in dem Königssaal
Belsazar hielt sein Königsmahl.

Die Knechte saßen in schimmernden Reihn
Und leerten die Becher mit funkelndem Wein.

Es klirrten die Becher, es jauchzten die Knecht;
So klang es dem störrigen Könige recht.

Des Königs Wangen leuchten Glut;
Im Wein erwuchs ihm kecker Mut.

Und blindlings reißt der Mut ihn fort;
Und er lästert die Gottheit mit sündigem Wort.

Und er brüstet sich frech und lästert wild;
Die Knechteschar ihm Beifall brüllt.

Info

Heinrich Heine wird 1797 in Düsseldorf geboren. Nach dem gescheiterten Versuch einer kaufmännischen Tätigkeit studiert er von 1819–1825 Rechtswissenschaft in Bonn und später in Göttingen. Sein Interesse gilt der Literatur; auf einer Wanderung entsteht Heines erstes bedeutendes Werk *Die Harzreise* (1824). Nach der gescheiterten Juli-Revolution emigriert er 1831 nach Paris und lebt dort als Journalist. 1856 stirbt er in Paris nach achtjähriger Krankheit. Heinrich Heine nimmt in seinem Werk in satirischer Weise Stellung zu politischen Fragen. Seine Ablehnung des Absolutismus und seine Forderung nach Presse- und Meinungsfreiheit führen schließlich zu seiner Emigration und zum Verbot seiner Bücher in Deutschland. Er zählt zusammen mit Büchner und den *Göttinger Sieben* zum Literatenkreis *Junges Deutschland*. Weitere Werke Heines sind: *Buch der Lieder* (1827), *Deutschland. Ein Wintermärchen* (1844).

Der König rief mit stolzem Blick;
Der Diener eilt und kehrt zurück.

Er trug viel gülden Gerät auf dem Haupt,
Das war aus dem Tempel Jehovas geraubt.

Und der König ergriff mit frevler Hand
Einen heiligen Becher, gefüllt bis am Rand.

Und er leert ihn hastig bis auf den Grund
Und rufet laut mit schäumendem Mund:

„Jehova! dir künd ich auf ewig Hohn –
Ich bin der König von Babylon!“

Doch kaum das grause Wort verklang,
Dem König ward's heimlich im Busen bang.

Das gellende Lachen verstummte zumal;
Es wurde leichenstill im Saal.

Und sieh! und sieh! an weißer Wand,
Da kam's hervor wie Menschenhand;

Und schrieb, und schrieb an weißer Wand
Buchstaben von Feuer und schrieb und schwand.

Der König stieren Blicks da saß,
Mit schlotternden Knien und totenblass.

Die Knechteschar saß kalt durchgraut
Und saß gar still, gab keinen Laut.

Die Magier kamen, doch keiner verstand
Zu deuten die Flammenschrift an der Wand.

Belsazar ward aber in selbiger Nacht
Von seinen Knechten umgebracht.

Lösungsvorschlag: Gliederung des Aufsatzes

A. Einleitung: Quelle der Ballade

B. Hauptteil: Interpretation
- I. Inhalt und Aussage
  1. Inhalt
  2. Aussage
- II. Sprachliche Mittel

C. Schluss: Heine als Balladendichter

Stichwortartige Ausarbeitung des Aufsatzes

A. Einleitung

Die Quelle der Ballade *Belsazar* von Heinrich Heine findet sich im *Alten Testament,* im 5. Kapitel des Buches *Daniel.* Dort wird berichtet, wie der Sohn des babylonischen Königs Nabonid, Belsazar, mit den aus dem Tempel in Jerusalem geraubten geweihten Gefäßen ein Gelage feiert, in dessen Verlauf eine Schrift an der Wand erscheint, die erst Daniel als vernichtendes göttliches Urteil über Belsazar entziffern kann. Der König belohnt Daniel noch für diesen Dienst und wird in derselben Nacht getötet. Sein Reich fällt an die Meder. Heine hat diesen Stoff in seiner Ballade in veränderter Form bearbeitet.

B. Hauptteil: Interpretation

I. Inhalt und Aussage

1. Inhalt

Nachtruhe in Babylon (V. 1 f.), Gelage im Schloss des Königs Belsazar, in dessen Verlauf der König Gott lästert (V. 3–8), Tempelgefäße werden herbeigeholt und als Trinkgefäße entweiht (V. 17–24), Verhöhnung Jehovas (V. 25 f.), Erscheinung der Feuerschrift (V. 27–34), Erschrecken des Königs und der Knechte, Ratlosigkeit der Magier bei der Deutung der Zeichen, Tod des Königs (V. 35–42).

2. Aussage

Die Überheblichkeit (Hybris, superbia) des Menschen, sich über Gott stellen zu wollen, wird bestraft.

II. Sprachliche Mittel

Es lassen sich die folgenden sprachlichen und formalen Mittel feststellen:

- vierhebiger Jambus mit männlichen Kadenzen;
- Wechsel des Versmaßes: Anapäst (vgl. V. 14, V. 15, V. 25), Bruch des gewohnten jambischen Rhythmus zur Verdeutlichung des Frevels, in V. 42 als Betonung der Strafe;
- Enjambement: z. B. V. 2 f., V. 5 f., V. 39 f., V. 41 f.;
- Tempuswechsel: Erzählbericht im Imperfekt (vgl. z. B. V. 1 f.), Darstellung der Überheblichkeit Belsazars im Präsens (vgl. V. 15 f., V. 23–26);
- helle Vokale (*i, e, ü*) zur lautlichen Unterstreichung der ausgelassenen Stimmung (vgl. V. 7 f.);
- dunkle Vokale (*u, o*) zum Ausdruck der Spannung und des Schreckens (vgl. V. 11 f., 27 f., V. 35–38);
- Vergleiche: z. B. *leichenstill* (V. 30), Steigerung der Eindringlichkeit des Ausdrucks, Erhöhung und Wiedergabe der Spannung, Andeutung des Todes Belsazars;
- Neologismus: *durchgraut* (V. 37), Assoziation mit Grauen erhöht die Spannung;
- Wiederholungen (vgl. V. 31, V. 33), Steigerung der Aufmerksamkeit des Lesers, Ausdruck des Unbegreiflichen;
- Adjektive und Verben, die den Frevel des Königs kennzeichnen: *störrigen* (V. 10), *kecker* (V. 12), *lästert* (V. 14), *sündigem Wort* (V. 14), *brüstet* (V. 15), *frech* (V. 15), *wild* (V. 15), *stolzem* (V. 17) *frevler Hand* (V. 21).

C. Schluss

Heine mag vielen als satirischer Dichter bekannt sein, der politische Ereignisse kritisch begleitet; dass er auch Balladen mit durchweg ernster Thematik zu dichten versteht, beweist nicht nur *Belsazar*, sondern auch *Loreley* oder *Die Grenadier*. Immer geht es ihm in diesen Balladen um das Ausgeliefertsein des Menschen an Mächte, die er nicht beeinflussen kann. Heine hat aufgrund seiner schwachen Gesundheit und seiner späteren Lähmung dieses Ausgeliefertsein an ein Schicksal, das sich dem eigenen Willen entzieht, selbst erfahren. Der politisch engagierte Dichter Heine lässt sich zumindest zwischen den Zeilen auch in der vorliegenden Ballade vernehmen, je nachdem, ob man den Tod des Königs als Sieg der Revolution über die Monarchie oder als konservative Wiederherstellung göttlich legitimierter Ordnung interpretieren möchte.

1.2 Eduard Mörike
Er ist 's
Karl Krolow
Neues Wesen

Arbeitsaufgabe:

Analysieren Sie den gedanklichen Aufbau, die Form sowie die sprachliche Gestaltung der beiden folgenden Gedichte, und erarbeiten Sie eine vergleichende Interpretation, in der Sie auch auf zeittypische Merkmale eingehen!

Info

Eduard Mörike wird 1804 in Ludwigsburg geboren. Nach dem Studium der Theologie und nach der Vikariatszeit versieht er von 1834–1843 den Pfarrdienst in Cleversulzbach, von 1844 bis 1851 in Mergentheim und von 1851–1867 in Stuttgart. Mörike stirbt 1875 in Stuttgart. Bekannte Werke von ihm sind z. B. *Idylle vom Bodensee* (1846) und *Mozart auf der Reise nach Prag* (1855).

Eduard Mörike (1804–1875)
***Er ist 's* (1829)**

Frühling lässt sein blaues Band
Wieder flattern durch die Lüfte;
Süße, wohlbekannte Düfte
Streifen ahnungsvoll das Land.
Veilchen träumen schon,
Wollen balde kommen.
– Horch, von fern ein leiser Harfenton!
Frühling, ja du bist 's!
Dich hab ich vernommen!

Karl Krolow (1915–1999)
***Neues Wesen* (1967)**

Blau kommt auf
wie Mörikes leiser Harfenton.
Immer wieder
wird das so sein.
Die Leute streichen
ihre Häuser an.
Auf die verschiedenen Wände
scheint Sonne.
Jeder erwartet das.
Frühling, ja, du bist 's!
Man kann das nachlesen.
Die grüne Hecke ist ein Zitat
aus einem unbekannten Dichter.

Info

Karl Krolow, * 11. 3. 1915 in Hannover, † 21. 6. 1999 in Darmstadt; Lyriker, Erzähler, Essayist, Übersetzer. Werke z. B.: *Nachdichtungen aus fünf Jahrhunderten französischer Lyrik* (1948), *Die Barke Phantasie* (1957), *Spanische Gedichte des 20. Jahrhunderts* (1962), *Die Zeichen der Welt* (1952), *Wind und Zeit* (1954), *Tage und Nächte* (1956),

Fremde Körper (1959), *Unsichtbare Hände* (1962), *Landschaften für mich* (1966), *Alltägliche Gedichte* (1968), *Nichts weiter als Leben* (1970), *Zeitvergehen* (1972), *Der Einfachheit halber* (1977), *Das andere Leben* (1979), *Im Gehen* (1981), *Melanie. Geschichte eines Namens* (1983), *Herbstsonett mit Hegel* (1981); epochengeschichtliche Einordnung: Moderne.

Die Leute streichen auch
ihre Familien an, die Autos,
die Boote.
Ihr neues Wesen
gefällt allgemein.

Lösungsvorschlag:
Aufbau

A. Einleitung: Dichter, Titel, gemeinsames Thema

B. Hauptteil: Interpretation
- I. *Er ist 's*
  1. Inhalt und Aussage
  2. Sprachliche und formale Mittel
  3. Epochen- und zeittypische Merkmale

- II. *Neues Wesen*
  1. Inhalt und Aussage
  2. Sprachliche und formale Mittel
  3. Epochen- und zeittypische Merkmale

- III. Zusammenfassende Betrachtung beider Gedichte

C. Schluss: Aktualitätsbetrachtung

Stichwortartige Ausarbeitung des Aufsatzes

A. Einleitung

Eduard Mörike, ein Dichter der Biedermeierzeit, und Karl Krolow, einer der wichtigsten Lyriker der Moderne, setzen sich in ihren Gedichten *Er ist 's* bzw. *Neues Wesen* mit dem Thema „Frühling" auseinander. Sie gestalten dieses Thema sowohl in inhaltlicher als auch in sprachlich-formaler Hinsicht unterschiedlich.

B. Hauptteil: Interpretation

I. *Er ist 's*

1. Inhalt und Aussage

V. 1–4 Das lyrische Ich beschreibt, wie seine Augen und sein Geruchssinn die Ankunft des Frühlings realisieren.

V. 5 f. Die Veilchen als Frühlingsblumen bereiten sich auf das Blühen vor.

V. 6–8 Das lyrische Ich hört in der Ferne eine Harfe schlagen und versteht den Laut als Ankunftszeichen des Frühlings.

Der ankommende Frühling verschafft dem lyrischen Ich Wohlbefinden.

2. Sprachliche und formale Mittel

Das Gedicht wirkt durch seine scheinbare Anspruchslosigkeit und durch seine Regelmäßigkeit, die Verse sind aber kunstvoll gestaltet durch

- Metrum: vierhebiger Trochäus (V. 1–4), dreihebiger Trochäus (V. 5 f.), fünfhebiger Trochäus (V. 7), dreihebiger Trochäus (V. 8 f.), jeweils mit abwechselnd männlichen und weiblichen Kadenzen, dadurch Betonung von V. 7 durch größere Silbenzahl und von V. 8, die eine Waise darstellt;
- Reimform: umschließender Reim (V. 1–4), Kreuzreim (V. 5–9), V. 8 als Waise, dadurch besondere Betonung auf dem Wiedererkennen und der Gewissheit des lyrischen Ichs;
- Zeilenstil, Vers- und Satzende fallen zusammen: Eindruck von Regelmäßigkeit, mit der auch der Frühling in jedem Jahr von neuem kommt;
- Personifikation (vgl. V. 1): Steigerung des poetischen Ausdrucks;
- Metapher: „blaues Band" (V. 1) als poetische Ausmalung des überall in der Natur bemerkbaren Frühlings;
- Alliteration: „Horch (...) Harfenton" (V. 7) als Verstärkung des Appells;
- Ausruf (vgl. V. 8): emphatischer Nachdruck.

3. Epochen- und zeittypische Merkmale

Das Gedicht lässt sich der Epoche des Biedermeier zuordnen, es finden sich allerdings deutliche Anklänge an die Romantik durch

- Naturmotivik;
- Harmonieerleben von Mensch und Natur, enges Verhältnis Natur – Dichter;
- Wiederfinden menschlicher Wahrheit in natürlichen Erscheinungen;
- Betonung des Gefühls, Frühling wird nicht nur sinnlich erfahren, sondern mit konkreten seelischen Stimmungen verbunden.
- Auch wenn die genannten Kriterien insgesamt die Wirklichkeit poetisieren, so fehlt doch die Tiefe der romantischen Empfindung genauso wie wichtige Motive der Epoche, z. B. die Sehnsucht, die Metapher des Herzens, die romantische Ironie; die Beschreibung des persönlichen Empfindens lässt sich eher als anspruchsloser Rückzug in die subjektive Gefühlswelt verstehen und damit der Epoche des Biedermeier zuordnen.

II. *Neues Wesen*

1. Inhalt und Aussage

V. 1–4 Beschreibung des Frühlings mit zwei Verweisen auf Mörikes Gedicht *Er ist 's;* Feststellung, dass er immer wieder kommen werde;

V. 5–9 Menschen renovieren – der allgemeinen Erwartung nach – Häuserfassaden, auf die die Sonne scheint;

V. 10–13 Erkenntnis des Frühlings aufgrund der Lektüre von Werken über ihn;

V. 14–16 Erneuerungsaktivitäten der Menschen betreffen auch andere Objekte;

V. 17 f. abschließende Feststellung, dass das Ergebnis der Renovierungsarbeiten auf allgemeines Gefallen trifft;

Der Beginn des Frühlings wird von den Menschen dafür genutzt, um den ihnen als wertvoll erscheinenden Dingen ein neues Aussehen zu verleihen. Den von den Menschen geschaffenen Dingen wird gefällige Beachtung geschenkt, nicht aber dem Frühlingsereignis.

2. Sprachliche und formale Mittel

- Fehlen eines einheitlichen und durchgängigen Metrums, reimlos;
- rhythmisierte Prosa: Hinweis auf die fehlende Feierlichkeit;
- Zitate (vgl. z. B. V. 1 f, V. 10, V. 12) und Vergleich (vgl. V. 2): Die emotionale Dimension des Frühlings ist nur noch in der Literatur als gelebtes Leben zu finden – eine eigene Erfahrung wird nicht gemacht;
- Enjambements (vgl. z. B. V. 3 f., V. 5 f., V. 7 f., V. 14 f.): Hervorhebung der Bewegungsabläufe (ewige dauernde Zeit, Anstreichen der Häuser, Auftreffen der Sonnenstrahlen);
- Wiederholung (vgl. V. 5 und V. 14): besondere Betonung der „Leute" – Entindividualisierung;
- Ausruf (vgl. V. 10): Kontrast zu den Tätigkeiten der Menschen, die den Frühling offensichtlich nicht würdigen;
- Zeilenstil (vgl. V. 9–11): Zentrum des Gedichts, dichterische Hervorhebung der zentralen Erkenntnis;
- Anspielung: Titel lässt vermuten, dass die Frühlingserfahrung eine innere Erneuerung der Menschen zur Folge hat, statt dessen konzentriert man sich auf Äußerlichkeiten, denen man durch einen neuen Anstrich ein „neues Wesen" zu verleihen meint.

3. Epochen- und zeittypische Merkmale

Die Modernität des Gedichtes zeigt sich z. B. durch

- Verzicht auf ein durchgängiges Metrum;
- Verzicht auf hohen Stil und der Verwendung von Alltagssprache;

- Betonung der materialistischen Ausrichtung der Menschen, die unfähig sind, den Frühling sinnlich-emotional zu erfassen;
- Veräußerlichung des Naturmotivs, das nur noch als literarisches Zitat eine Rolle zu spielen scheint;
- Bild von der Uniformität der Menschen, die sich in ihrem materiellen Denken gleichen;
- Verzicht auf ein lyrisches Ich als ein Zeichen, dass das Individuum bedeutungslos geworden ist.

III. Zusammenfassende Betrachtung beider Gedichte

Aspekte der zusammenfassenden Betrachtung können sein:

- Frühling als gemeinsames Motiv;
- Kunstvolle formale Gestaltung betont bei Möricke die Freude des lyrischen Ichs, anspruchslose Alltagssprache unterstreicht bei Krolow den Verlust einer tieferen Sinnhaftigkeit des Ereignisses;
- Möricke sieht den Menschen im Einklang mit der Natur, er greift das romantische Harmonieerlebnis auf; Krolow gestaltet die Entfremdung des Menschen von der Natur in den Bildern rein äußerlicher Tätigkeiten und in dem Verzicht auf ein lyrisches Ich.
- Unterschiede lassen sich begrifflich umschreiben mit den Gegensatzpaaren: Innerlichkeit – Äußerlichkeit, lyrisches Ich – Masse, Harmonie – Entfremdung.

C. Schluss

Pessimistisches Menschenbild des modernen Dichters aus dem historischen Kontext erklärbar (60er Jahre: Orientierung am Wirtschaftswachstum, Anschaffung von Prestigeobjekten, Gefahr der einseitigen Konzentration auf Äußerlichkeit); neues Verhältnis des Menschen zur Natur mit dem Beginn der 80er Jahre: kein romantisierender Umgang wie bei Möricke, eher ein realistischer Umgang, der die Natur als Lebensgrundlage des Menschen anerkennt und entsprechend zu behandeln versucht.

1.3 Eduard Mörike
An die Geliebte*

Arbeitsaufgabe:

Erarbeiten Sie den gedanklichen Aufbau des Gedichtes und entwickeln Sie seine Aussage. Welche formalen und sprachlichen Mittel unterstützen die Aussage?

info

Kurzbiografie von Eduard Mörike s. S. 19

Eduard Mörike (1804–1875)
***An die Geliebte* (1830)**

Wenn ich, von deinem Anschaun tief gestillt,
mich stumm an deinem heil'gen Wert vergnüge,
dann hör' ich recht die leisen Atemzüge
des Engels, welcher sich in dir verhüllt,
und ein erstaunt, ein fragend Lächeln quillt
auf meinem Mund, ob mich kein Traum betrüge,
dass nun in dir, zu ewiger Genüge,
mein kühnster Wunsch, mein einz'ger, sich erfüllt?

Von Tiefe dann zu Tiefen stürzt mein Sinn,
ich höre aus der Gottheit nächt'ger Ferne
die Quellen des Geschicks melodisch rauschen.

Betäubt kehr' ich den Blick nach oben hin,
zum Himmel auf – da lächeln alle Sterne;
ich kniee, ihrem Lichtgesang zu lauschen.

Lösungsvorschlag:
Gliederung des Aufsatzes

A. Einleitung: Vorstellung des Dichters, Thema des Gedichts

B. Hauptteil: Interpretation
- I. Inhalt und Aussage
  1. Inhalt
  2. Aussage
- II. Sprachliche und formale Mittel

C. Schluss: Persönliche Bewertung

Stichwortartige Ausarbeitung des Aufsatzes

A. Einleitung

Der schwäbische Pfarrer Eduard Mörike greift in seinen Werken gerne auf romantische Motive zurück, auch wenn sein Werk in die literarische Epoche des Biedermeier einzuordnen ist. In dem vorliegenden Sonett *An die Geliebte* übersteigert das lyrische Ich seine Liebe in typisch romantischer Weise ins Göttliche.

B. Hauptteil: Interpretation

I. Inhalt und Aussage

1. Inhalt

Im ersten Quartett ergeht sich das lyrische Ich in der Betrachtung der (schlafenden?) Geliebten, in der es einen Engel zu sehen glaubt. Im zweiten Quartett kommt die Befürchtung zum Ausdruck, ob seine Liebe nur ein trügerischer Traum sein könnte. Im ersten Terzett beschreibt das lyrische Ich seine mystische Versenkung. Seine Liebeserfahrung wird metaphysisch gesteigert, weil es die Vorsehung des Schicksals erahnt. Im zweiten Terzett wendet es seinen Blick dem Himmel entgegen; in kniender Stellung erfährt es beglückt die Harmonie mit dem Universum.

2. Aussage

In der Liebe erfährt der Mensch die Anwesenheit des Göttlichen. Sie befähigt ihn, die harmonische Einheit mit dem Universum zu erleben.

II. Sprachliche und formale Mittel

Es lassen sich die folgenden sprachlichen und formalen Mittel feststellen:

- Sonett, fünfhebige Jamben, umarmende Reime in Quartetten, dreifache Reimreihe in Terzetten, Wechsel von weiblichen und männlichen Kadenzen: Form als Darstellung des Gedankengangs, Verbindung von Zusammengehörendem (Quartette bestehen aus einem Satz, eingeleitet mit *wenn*);
- zahlreiche Adjektive: z. B. *tief* (V. 1), *stumm* (V. 2), *heil'gen* (V. 3), *leisen* (V. 3), Ausmalung der Gefühle des lyrischen Ichs;
- Wortwahl aus dem religiösen Bereich: z. B. *heil'gen* (V. 3), *Engel* (V. 4), *Gottheit* (V. 10), *Himmel* (V. 13), verdeutlichen die Erhöhung der Liebeserfahrung in den religiösen Bereich;
- Synästhesie: *Lichtgesang* (V. 14) als Ausdruck der die Sinne erfassenden (religiösen) Erfahrung der Natur;
- Personifikation: *da lächeln alle Sterne* (V. 13), Projektion der Vorstellung des lyrischen Ichs auf die Sterne, die sich ihm als Gegenüber anbieten; sie verweisen auf den göttlichen Schöpfer;
- romantische Bilder von Traum (vgl. V. 6), Sehnsucht/Wunsch (vgl. V. 8), Ferne (vgl. V. 10), Sterne (vgl. V. 13), Erfahrung des Göttlichen in der Natur (vgl. V. 12–14) unterstreichen die Aussage des Gedichtes, die das Erleben des Göttlichen in der irdischen Liebe, in der Natur beinhaltet.

C. Schluss

Die Aussage des Gedichtes mag den heutigen Leser beeindrucken. Als ein Gegenentwurf zur Realität offenbart es die Sehnsucht nach Entgrenzung, aber auch nach dem Aufgehoben-Sein in einer göttlichen Weltordnung. Solches Denken begründet sich in der Zeit des Vormärz zum einen in der Enttäuschung über die politischen Verhältnisse, bei Mörike selbst könnte auch die bekannte Abneigung gegen seinen Beruf eine Rolle gespielt haben. Mit einem romantischen Gegenentwurf lässt sich die Realität ein wenig besser ertragen. Eine Veränderung der Realität bewirkt sie indes nicht. Diese Passivität mag den heutigen Leser auch befremden.

1.4 Theodor Storm
*Abseits**

Info

Theodor Storm wird 1817 in Husum an der Nordsee geboren. Nach dem Studium der Rechtswissenschaft in Kiel und Berlin lässt er sich 1842 in Husum als Rechtsanwalt nieder und gründet eine Familie. Nachdem er aufgrund innenpolitischer Schwierigkeiten (Widerstand gegen Dänemark, das zu dieser Zeit über Schleswig-Holstein herrscht) seine Zulassung als Anwalt verloren hat, geht Storm 1852 nach Berlin und findet dort Anschluss zu Fontane und Eichendorff. 1864 kehrt er als Landvogt nach Husum zurück. 1888 stirbt Storm in Hademarschen. Besonders in den späten Novellen

Arbeitsaufgabe:

Erarbeiten Sie Inhalt und Aussage des Gedichtes. Welche sprachlichen und formalen Mittel unterstützen die Aussage?

Theodor Storm (1817–1888)
***Abseits* (1848)**

Es ist so still, die Heide liegt
Im warmen Mittagssonnenstrahle,
Ein rosenroter Schimmer fliegt
Um ihre alten Gräbermale;
Die Kräuter blühn; der Heideduft
Steigt in die blaue Sommerluft.

Laufkäfer hasten durchs Gesträuch
In ihren goldnen Panzerröckchen.
Die Bienen hängen Zweig um Zweig
Sich an der Edelheide Glöckchen,
Die Vögel schwirren aus dem Kraut –
Die Luft ist voller Lerchenlaut.

Ein halbverfallen, niedrig Haus
Steht einsam hier und sonnbeschienen,
Der Kätner[1] lehnt zur Tür hinaus,
Behaglich blinzelnd nach den Bienen;

[1] Kätner = Kleinbauer

Sein Junge auf dem Stein davor
Schnitzt Pfeifen sich aus Kälberrohr.

Kaum zittert durch die Mittagsruh
Ein Schlag der Dorfuhr, der entfernten;
Dem Alten fällt die Wimper zu,
Er träumt von seinen Honigernten.
–, Kein Klang der aufgeregten Zeit
Drang noch in diese Einsamkeit.

werden die inhumanen Lebensverhältnisse im Industriezeitalter geschildert. Seine bekanntesten Werke sind *Immensee* (1849), *Hans und Heinz Kirch* (1882) und *Der Schimmelreiter* (1888).

Lösungsvorschlag: Gliederung des Aufsatzes

A. Einleitung: Vorstellung des Dichters, Thema des Gedichtes

B. Hauptteil: Interpretation
- I. Inhalt und Aussage
  - 1. Inhalt
  - 2. Aussage
- II. Sprachliche und formale Mittel

C. Schluss: Romantik/Realismus

Stichwortartige Ausarbeitung des Aufsatzes

A. Einleitung

Theodor Storm zählt zu den Dichtern des deutschen Realismus, seine zumeist auf dem Land angesiedelten Novellen, z. B. *Immensee* oder *Der Schimmelreiter*, sind weltberühmt geworden. In dem vorliegenden Gedicht *Abseits*, entstanden im Jahre 1848, dem Jahr der bürgerlichen Revolution in Deutschland, beschreibt der Dichter ein ländliches Idyll, das von den politischen und gesellschaftlichen Auseinandersetzungen der damaligen Zeit unberührt zu sein scheint.

B. Hauptteil: Interpretation

I. Inhalt und Aussage

1. Inhalt

1. Strophe: Es wird eine von der Mittagssonne erwärmte stille Heidelandschaft beschrieben. Blühende Kräuter und der spezifische Heidegeruch sind wahrnehmbar.

2. Strophe: Sie beschreibt die Tiere, laufende Käfer, Bienen und singende Vögel, die die Heide bevölkern.
3. Strophe: Hier konzentriert sich der Blick auf einen Kleinbauern, der sich zur Tür hinauslehnt und nach den Bienen schaut, während sein Sohn Pfeifen schnitzt.
4. Strophe: Es wird ein alter Mann beschrieben, dem die Augen zufallen und der von der Honigernte träumt, während ihn weder das Schlagen der Dorfuhr noch andere Ereignisse, die nicht konkret benannt werden, stören.

2. Aussage
Der Mensch hat die Fähigkeit, im Einklang mit der Natur zu leben. In der Abgeschiedenheit kann er diese Harmonie verwirklichen.

II. Sprachliche und formale Mittel
Die verwendeten sprachlichen und formalen Mittel unterstützen die Aussage:
- 4 sechszeilige Strophen, vierhebiger Jambus, Reimschema ababcc (Kreuzreim, Paarreim), abwechselnd männliche und weibliche Kadenzen: Regelmäßigkeit im Aufbau spiegelt die beschriebene Harmonie und die Ruhe wider;
- Gedankenstrich (V. 23) als Hinweis auf einen neuen Gesichtspunkt, der diese beschauliche Ruhe stören könnte;
- Symbol: *Dorfuhr* (V. 20), Bild der verrinnenden Zeit, die auch Veränderungen mit sich bringen kann; lautlicher Zusammenhang mit dem *Klang der aufgeregten Zeit* (V. 23);
- Enjambement: vgl. V. 1 f., 3 f., 5 f., Harmonie, Zusammengehörigkeit von Himmel, Luft und Erde;
- Alliterationen: z. B. *Luft/Lerchenlaut* (V. 12), stimmungsvoller Natureindruck;
- ausdrucksstarke Adjektive: z. B. *still* (V. 1), *warmen* (V. 2), *rosenroter* (V. 3), *hasten* (V. 7), *goldnen* (V. 8), Wiedergabe des intensiven Natureindrucks;
- Vergleich: *rosenroter* (V. 3) s. o.
- Neologismus: *Lerchenlaut* (V. 12) s. o.
- romantisches Vokabular: *Schimmer* (V. 3), *einsam* (V. 14), *träumt* (V. 22), *Einsamkeit* (V. 24).

C. Schluss
Auch wenn im Vokabular noch manche Anklänge an die Romantik zu erkennen sind und die Beschreibung des Idylls durchaus romantische Züge trägt, so fehlen doch die religiöse Komponente und die typisch romantische Harmonievorstellung, die Verschmelzung des lyrischen Ichs mit der

Natur, in der das Göttliche erfahren wird. Es handelt sich vielmehr um eine dem Realismus verpflichtete Beschreibung einer Landschaft, die *abseits* liegt. Dass das Idyll durch die politischen Wirren und auch durch die Auswirkungen der Industrialisierung bedroht sein könnte, verrät das Wort *noch* im letzten Vers.

1.5 Conrad Ferdinand Meyer *Schwüle* Conrad Ferdinand Meyer *In der Dämmerung*

Info

Conrad Ferdinand Meyer, * 11. 10. 1825 in Zürich, † 28. 11. 1898 in Kilchberg bei Zürich; Lyriker, Erzähler. Werke z. B.: *Huttens letzte Tage* (1872), *Gedichte* (1882), *Das Amulett* (1873), *Gustav Adolfs Page* (1882), *Die Versuchung des Pescara* (1887), *Angela Borgia* (1891); epochengeschichtliche Einordnung: poetischer Realismus.

Arbeitsaufgabe:

Erschließen Sie das Gedicht *Schwüle* von Conrad Ferdinand Meyer! Erarbeiten Sie eine Interpretation dieses Gedichts im Vergleich mit der früheren Fassung *In der Dämmerung* und untersuchen Sie dabei auch, inwieweit die beiden Fassungen einer literaturgeschichtlichen Epoche zuzuordnen sind!

Conrad Ferdinand Meyer (1825–1898)
***Schwüle* (1882)**

Trüb verglomm der schwüle Sommertag,
Dumpf und traurig tönt mein Ruderschlag –
Sterne, Sterne – Abend ist es ja –
Sterne, warum seid ihr noch nicht da?

Bleich das Leben! Bleich der Felsenhang!
Schilf, was flüsterst du so frech und bang?
Fern der Himmel und die Tiefe nah –
Sterne, warum seid ihr noch nicht da?

Eine liebe, liebe Stimme ruft
Mich beständig aus der Wassergruft –
Weg, Gespenst, das oft ich winken sah!
Sterne, Sterne, seid ihr nicht mehr da?

Endlich, endlich durch das Dunkel bricht –
Es war Zeit! – ein schwaches Flimmerlicht –
Denn ich wusste nicht wie mir geschah.
Sterne, Sterne, bleibt mir immer nah!

Conrad Ferdinand Meyer (1825–1898)
***In der Dämmerung* (1864)**

Ich belausche meinen Ruderschlag,
Schiffend in dem trübverglomm'nen Tag:
Wolken, die den Tag so trüb gemacht
Wollt ihr rauben mir die heil'ge Nacht?

In dem Schilfe streicht mein Nachen leicht,
Das sich niedrig durcheinanderbeugt;
Schon am Morgen hat 's ein Sturm gelegt
Und nun wird 's von keinem Hauch bewegt.

Immer sachter geht der Ruderschwung,
Eingeschläfert von der Dämmerung,
Kühle Tropfen rinnen mir ins Herz
Und zur Ruhe gehen Lust und Schmerz.

Himmel, nun erhelle deine Höh'n!
Eh' der Nachen muss zum Porte geh'n.
Sterne kommet: Abend ist es ja!
Sterne, warum seid ihr noch nicht da?

Lösungsvorschlag:
Gliederung des Aufsatzes

A. Einleitung: Dichter, Titel, gemeinsames Thema

B. Hauptteil: Interpretation
- I. *Schwüle*
  - 1. Inhalt und Aussage
    - a) Inhalt
    - b) Aussage
  - 2. Sprachliche und formale Mittel
- II. *In der Dämmerung*
  - 1. Inhalt und Aussage
    - a) Inhalt
    - b) Aussage
  - 2. Sprachliche und formale Mittel

III. Zusammenfassende Betrachtung beider Gedichte/epochen- und zeittypische Merkmale

C. Schluss: Aktualitätsbetrachtung

Stichwortartige Ausarbeitung des Aufsatzes

A. Einleitung

Der Dichter Conrad Ferdinand Meyer hat sich in den vorliegenden, im Abstand von 18 Jahren entstandenen Gedichten *Schwüle* (1882) und *In der Dämmerung* (1864) mit dem Thema der Vergänglichkeit beschäftigt. In beiden Gedichten ist der situative Kontext eine abendliche Bootsfahrt.

B. Hauptteil: Interpretation

I. *Schwüle*

1. **Inhalt und Aussage**

a) Inhalt

1. Strophe: Das lyrische Ich unternimmt eine Bootsfahrt am Ende eines Sommertags. Es empfindet die Ruderschläge als traurig und wünscht sich das rasche Erscheinen der Sterne herbei.

2. Strophe: Das lyrische Ich verbindet die Blässe eines Felsens mit der Blässe des Lebens. Es glaubt ein Flüstern des Schilfes zu vernehmen. Der Himmel erscheint weit entfernt, während die als bedrohlich erscheinende Tiefe des Wassers in unmittelbarer Nähe ist. Erneut ruft das lyrische Ich nach den Sternen, die rasch erscheinen sollen.

3. Strophe: Aus dem Wasser vernimmt das lyrische Ich das kontinuierliche Rufen einer ihm vertrauten Stimme. Es befiehlt der Erscheinung, auf der Stelle zu verschwinden, und sehnt sich das Erscheinen der Sterne herbei.

4. Strophe: Die Sterne kündigen durch ein schwaches Leuchten ihr Kommen an. Das lyrische Ich ist dankbar dafür, weil es sich von ihnen Hilfe in einer ihm als unsicher erscheinenden Situation verspricht. Es wünscht sich, dass die Sterne immer bei ihm bleiben mögen.

b) Aussage

Die abendliche Bootsfahrt mit dem Hereinbrechen der Nacht wird von dem lyrischen Ich als bedrohlich erlebt, in der Natur erfährt es die Vergänglichkeit; dieses Bedrohungsgefühl wird durch die Wahrnehmung einer aus dem Wasser rufenden Stimme, dies lässt sich als Hinweis auf den Tod deuten, verstärkt. Beruhigung erfährt es durch die Sterne – dieses Symbol lässt sich als Hinweis auf eine religiöse Glaubensaussage verstehen.

2. Sprachliche und formale Mittel

Die zum Einsatz kommenden formalen und sprachlichen Mittel verstärken zum einen das Gefühl der Bedrohung, zum anderen verdeutlichen sie den Gegensatz zwischen der als bedrohlich erfahrenen irdischen Vergänglichkeit und dem durch die Sterne zugesprochenen metaphysischen Trost.

- vier Strophen zu jeweils vier Versen, alternierender bzw. fünfhebiger Trochäus, männliche Kadenzen, Paarreim, gestauter Rhythmus durch männliche Kadenzen bzw. trochäisches Metrum, unregelmäßige Bewegung durch zahlreiche Parenthesen und Einschübe: Unterstützung des gleichmäßigen Ruderschlags, der gestaute Rhythmus lässt sich als Störung der Gleichmäßigkeit – vgl. die innere Situation des lyrischen Ichs – deuten.
- Adjektive und Verben mit negativer Konnotation: z. B. trüb, verglimmen, schwül, dumpf, traurig (vgl. V. 1 f.) als Ausdruck der melancholischen Grundstimmung des lyrischen Ichs;
- Parenthese, Wiederholung, *Sterne, Sterne* (V. 3), und Frage (vgl. V. 4) als Intensivierung des Wunsches;
- Schlüsselbegriff, Symbol: *Sterne* (V. 3 f., 8, 12, 16) als Hinweis auf die Bedeutung der metaphysischen Hilfe;
- Ausruf, Ellipse: *Bleich das Leben! Bleich der Felsenhang!* (V. 5), Personifikation: *Schilf, was flüsterst du so frech und bang?* (V. 6), Assonanz: Reimwörter auf a (vgl. z. B. V. 1–8) und u (vgl. V. 9 f.), Alliteration: f-Laute in V. 6, Antithese, Chiasmus: *Fern der Himmel und die Tiefe nah* (V. 7): Verdeutlichung der inneren Erregung, Intensivierung der Bedrohlichkeit (*bang,* V. 6, als „ängstlich" oder „Angst hervorrufend" zu verstehen), Kontrast;
- Symbol: *Himmel* (V. 7) als Hinweis auf göttlichen Beistand;
- Wiederholung: *liebe, liebe Stimme* (V. 9) als Hinweis auf einen dem lyrischen Ich nahe stehenden Toten (biografischer Hinweis: Die Mutter des Dichters ertränkte sich im Jahre 1856 in geistiger Verwirrung);
- Wiederholung: *Endlich, endlich* (V. 13) – Erfüllung des dringenden Wunsches;
- Ellipse: *ein schwaches Flimmerlicht* (V. 14) – Betonung der aufgeregten Erwartungshaltung;
- Ausruf: *Sterne, Sterne, bleibt mir immer nah!* (V. 16) – Verdeutlichung des Wunsches nach allgegenwärtigem göttlichem Beistand.

II. *In der Dämmerung*

1. Inhalt und Aussage

a) Inhalt

1. Strophe: Das lyrische Ich unternimmt abends eine Fahrt mit einem Ruderboot. Es spricht die Wolken an, die den Himmel bedecken und die die Sterne nicht hervortreten lassen.

2. Strophe: Die Fahrt geht durch Schilf, das von einem morgendlichen Sturm niedergedrückt worden ist und nun ganz ruhig daliegt.

3. Strophe: Die Frequenz des Ruderschlags nimmt mit dem Herankommen der abendlichen Ruhe ab; das lyrische Ich fühlt sich frei von Leidenschaften wie Lust und Schmerz.

4. Strophe: Das lyrische Ich fordert die Sterne auf, endlich zu erscheinen, bevor das Boot wieder im Hafen ankommt. Das Gedicht schließt mit der Frage, warum die Sterne so lange auf sich warten lassen.

b) Aussage

Die Ruhe der Abenddämmerung wird erfahren als eine Befreiung von Leidenschaften und als Erfahrung der durch die Symbole des Himmels und der Sterne wirkenden Transzendenz.

2. Sprachliche und formale Mittel

- vier Strophen zu jeweils vier Versen, alternierender bzw. fünfhebiger Trochäus, männliche Kadenzen, Paarreim, gestauter Rhythmus durch männliche Kadenzen bzw. trochäisches Metrum, Angleichung an das Versmaß häufig durch Synkopierungen (*Wollt ihr rauben mir die heil'ge Nacht?*, V. 4) oder Apokopierungen (*Und nun wird 's von keinem Hauch bewegt*, V. 8), gleichmäßiger Satzbau, Vers und Satzende fallen zusammen (Ausnahme vgl. V. 3 f.): Unterstützung des gleichmäßigen Ruderschlags, Ausdruck der Ruhe der Abendstimmung;
- Enjambement (vgl. V. 3 f.): Ausdruck der Störung der inneren Ruhe des lyrischen Ichs;
- Personifizierung: *Immer sachter geht der Ruderschwung, / Eingeschläfert von der Dämmerung* (V. 9 f.) als Intensivierung der Vorstellung, dass der Abend sich beruhigend auf die Anstrengungen des Tages (Symbol des Ruderns evtl. als Hinweis auf die alltäglichen Verrichtungen zu sehen) auswirkt
- Metapher: *Kühle Tropfen rinnen mir ins Herz* (V. 11) als bildhafte Beschreibung, wie die innere Verfassung des lyrischen Ichs nach und nach zur Ruhe kommt;

- Symbol: *Himmel, Sterne* (V. 13, 15 f.) als Hinweis auf Gott;
- Metapher: *Eh' der Nachen muss zum Porte geh'n* (V. 14) in übertragenem Sinne als Hinweis auf das Ende des Lebens zu verstehen;
- Ausrufe (vgl. V. 13, 15) unterstreichen die Wichtigkeit des Anliegens.

III. Zusammenfassende Betrachtung beider Gedichte/epochen- und zeittypische Merkmale

a) *Schwüle*

- Natur wird in der Abendstimmung als Bedrohung erfahren, vgl. z. B. Eindrücke des Felsens und des Schilfs.
- Naturwahrnehmung wird mit der Vergänglichkeit des Lebens assoziiert.
- Das lyrische Ich erfährt Trost und Geborgenheit in der Hinwendung zu einer sich offenbarenden metaphysischen Instanz, die sich im Symbol der Sterne fassen lässt.

b) *In der Dämmerung*

- Natur wird in der Abendstimmung nicht als bedrohlich erfahren (vgl. z. B. das Motiv des Schilfs).
- Abend verschafft Ruhe, die dem Menschen die Augen für die wesentlichen Dinge öffnet.
- Eine wesentliche Erfahrung ist die eigene Vergänglichkeit.
- Das lyrische Ich wendet sich zu Gott, der sich noch verbirgt – Symbol der verborgenen Sterne; im späteren Gedicht vermittelt der Anblick der Sterne dem lyrischen Ich religiöse Hoffnung.

Beide Gedichte lassen sich dem poetischen Realismus zuordnen. Gründe dafür sind: strenge formale Gestaltung, realistische Naturzeichnung mit metaphorischen Komponenten, Fehlen einer idealistischen Grundaussage wie z. B. in der Klassik, Darstellung der Vereinzelung des Menschen, Hoffen auf göttlichen Beistand (*Sterne* als Metapher für göttliche Unterstützung).

C. Schluss

Die Selbsterfahrung des Menschen wird in der Lyrik oft mit dem zu Ende gehenden Tag verknüpft. Eindrucksvolle Beispiele dafür finden sich im Expressionismus. So wird der Abend in Georg Trakls Gedicht *Verfall* (s. S. 39) als situativer Kontext für das Nachdenken über die Vergänglichkeit genommen. Religiöser Trost indes, wir wir ihn in dem späten Gedicht Meyers andeutungsweise vorfinden, wird bei Trakl nicht gegeben. Im expressionistischen Gedicht, 27 Jahre nach Meyers Gedicht *Schwüle* entstanden, verschafft der Abend dem Menschen die Vergewisserung seiner Vergänglichkeit und seiner Einsamkeit.

2. Lyrik der Jahrhundertwende (1890–1920)

Inhaltliche Merkmale

Naturalismus:
naturgetreue Abbildung ohne künstlerische Stilisierung oder metaphysische Überhöhung (Wahrheit des Lebens);
radikale Objektivierung;
Arno Holz: naturalistische Kunst = Natur minus x (künstlerische Gestaltungsfähigkeit);
Radikaler Determinismus und Positivismus

Impressionismus/Symbolismus:
Wiedergabe subjektiv-sinnlicher Eindrücke;
Kritische Distanz zum Alltag;
Melancholie;
Suche nach dem inneren Zusammenhang zwischen den Dingen;
autonome Kunst;
Kunst gibt Halt in sinnentleerter Welt

Expressionismus:
Grunderfahrung: Entfremdung (Krieg, Stadt);
Ausdruck des inneren Erlebens, Pathos, Ekstase;
Kunst als rein geistiger Ausdruck innerlich geschauter Wahrheit;
Sehnsucht nach einer besseren Welt;
Protest gegen Kaisertum;
Forderung nach einem neuen Menschen;
Antimilitarismus

Hauptvertreter und Werke

Naturalismus:
Gerhart Hauptmann (1862–1946): *Bahnwärter Thiel, Die Weber, Die Ratten*;
Arno Holz (1863–1929) und Johannes Schlaf (1862–1941): *Papa Hamlet*

Impressionismus/Symbolismus:
Arthur Schnitzler (1862–1931): *Leutnant Gustl*;
Stefan George (1868–1933): Gedichte;
Rainer Maria Rilke (1875–1926): Gedichte

Expressionismus:
Georg Heym (1887–1912): *Der Winter*;
Georg Trakl (1887–1914): Gedichte;

Gottfried Benn (1886–1956): *Morgue*;
Georg Kaiser (1878–1945): *Die Bürger von Calais*

Formale Merkmale
Naturalismus:
Sekundenstil;
Zustandsdrama;
ausführliche Regieanweisungen;
naturgetreue Wiedergabe

Impressionismus/Symbolismus:
lautmalerische Sprache;
Handlung im Hintergrund;
absolutes Gedicht;
innerer Monolog als neue Erzählperspektive im Roman;
Dinggedicht

Expressionismus:
Chiffre;
Bruch mit sprachlichen und allgemeinen ästhetischen Konventionen;
Parabel

2.1 Georg Trakl
In ein altes Stammbuch

info

Georg Trakl wird 1887 in Salzburg geboren. Nach dem Abbruch des Gymnasiums arbeitet er in einer Apotheke, später studiert er Pharmazie. Seine beruflichen Pläne ändern sich häufig, auch wenn er ab 1911 als Apotheker zu arbeiten anfängt. 1914 wird er eingezogen und nimmt am Ersten Weltkrieg teil. Die Kriegserfahrungen verkraftet der Dichter nicht;

Arbeitsaufgabe:
Interpretieren Sie das Gedicht.

Georg Trakl (1887–1914)
***In ein altes Stammbuch* (1912)**

Immer wieder kehrst du Melancholie,
O Sanftmut der einsamen Seele.
Zu Ende glüht ein goldener Tag.

Demutsvoll beugt sich dem Schmerz der Geduldige
Tönend von Wohllaut und weichem Wahnsinn.
Siehe! es dämmert schon.

Wieder kehrt die Nacht und klagt ein Sterbliches
Und es leidet ein anderes mit.

Schaudernd unter herbstlichen Sternen
Neigt sich jährlich tiefer das Haupt.

am 03. 11. 1919 scheidet Trakl durch Freitod aus dem Leben. Trakl zählt mit seinen Gedichten zum Expressionismus. Sie drücken die Empfindungen des bedrohten Individuums aus, das aus der Harmonie mit der Umwelt gerissen ist. Leiden, Verfall, Tod, Abschied sind die Themen seiner Gedichte.

Lösungsvorschlag: Gliederung des Aufsatzes

A. Einleitung: Vorstellung des Dichters, Thema des Gedichts

B. Hauptteil: Interpretation
- I. Inhalt und Aussage
  1. Inhalt
  2. Aussage
- II. Sprachliche und formale Mittel

C. Schluss: Bezug des Gedichtes zum Leben Trakls

Stichwortartige Ausarbeitung des Aufsatzes

A. Einleitung

Die Gedichte, die Georg Trakl in dem kurzen Leben vor seinem freiwilligen Tod verfasst hat, werfen ein trauriges Bild auf seine seelische Befindlichkeit und seine Lebenseinstellung. Die Melancholie, die Traurigkeit, ist auch das beherrschende Gefühlserlebnis, das er in seinem Gedicht *In ein altes Stammbuch* gestaltet.

B. Hauptteil: Interpretation

I. Inhalt und Aussage

1. Inhalt

Am Ende eines Tages kehrt die Melancholie in den Sprechenden zurück, der sich ihr voller Demut hingibt. Während es Nacht wird, leiden Menschen klagend. Die Melancholie nimmt mit den Jahren zu.

2. Aussage

So wie es in der Natur Nacht wird, so neigt sich das menschliche Leben dem Ende zu, und mit jedem Tag verstärkt sich die Trauer.

II. Sprachliche und formale Mittel

Die verwendeten sprachlichen und formalen Mittel unterstützen die Aussage:

- 4 Strophen mit 3 oder 5 Hebungen, erinnert an Sonett, daktylisches und trochäisches Versmaß, z. B. in V. 2 f.:
  ∪ | – ∪ ∪ | – ∪ ∪ | – ∪
  ∪ | – ∪ | – ∪ | – ∪ ∪ | –
- feierliche Sprache, reimlos; in jeder Strophe stehen Natureindruck (das Außen) und Gefühlsausdruck (das Innen) nebeneinander, in der letzten Strophe als resignierende Zukunftsperspektive;
- Enjambement: V. 1 f., V. 4 f., verdeutlicht die Bewegung der zurückkehrenden Melancholie bzw. des sich dem Schmerz beugenden Geduldigen;
- Alliterationen: *Wohllaut und weichem Wahnsinn* (V. 5), drückt die Sanftheit aus, mit der die Melancholie vom Sprechenden Besitz ergreift (vgl. auch V. 2: *O Sanftmut der einsamen Seele*);
- Metapher: *Zu Ende glüht ein goldener Tag* (V. 3, vgl. auch V. 6 und V. 9), Ausdruck der inneren Befindlichkeit des Sprechenden;
- Metapher: *herbstlichen Sternen* (V. 9), assoziativ zu erschließen als der Herbst des Lebens, Vision der Vergänglichkeit; auch die Metapher des sich jährlich tiefer neigenden Kopfes lässt das Herannahen des Todes vermuten;
- Metapher: *Neigt sich jährlich tiefer das Haupt* (V. 10), Bild für die fortschreitende Traurigkeit; mit den herbstlichen Sternen (V. 9) könnte der Lebensherbst gemeint sein, also das nahe Lebensende;
- Titelbezug: Stammbuch als Herkunftsdokument; Melancholie als ererbtes, gewissermaßen dem Sprechenden von Geburt an mitgegebenes Gefühl, das ihn zeitlebens beherrscht.

C. Schluss

Dass das Gedicht auch die Lebenssituation Trakls ein Stück weit widerspiegelt, lässt sich mit einigem Recht vermuten, wenn man eine Stelle aus einem Brief an seinen Gönner und Freund Ludwig von Ficker aus dem Jahre 1913 heranzieht: *Ich sehne den Tag herbei, an dem die Seele in diesem unseeligen von Schwermut verpesteten Körper nicht mehr wird wohnen wollen und können, an dem sie diese Spottgestalt aus Kot und Fäulnis verlassen wird, die ein nur allzugetreues Spiegelbild eines gottlosen, verfluchten Jahrhunderts ist* (zitiert nach: *Dichtungen und Briefe*, S. 519). Von der Schwermut kann sich Trakl spätestens nach dem erschütternden Kriegserlebnis nicht mehr befreien: Er muss 90 Schwerverletzte ohne ärztliche Hilfe in einer Scheune zwei Tage lang betreuen. Ihre Bitten, sie von ihrem Leiden zu erlösen, kann er nicht erfüllen. Wenige Wochen später setzt er seinem Leben mit einer Überdosis Kokain ein Ende.

2.2 Georg Trakl
Verfall

Kurzbiografie
Georg Trakl s. S. 36 f.

Arbeitsaufgabe:
Interpretieren Sie das folgende Gedicht. Arbeiten Sie die sprachlichen und formalen Mittel heraus und zeigen Sie, wie sie die Aussage unterstützen.

Georg Trakl (1887–1914)
***Verfall* (1909)**

Am Abend, wenn die Glocken Frieden läuten,
Folg ich der Vögel wundervollen Flügen,
Die lang geschart, gleich frommen Pilgerzügen,
Entschwinden in den herbstlich klaren Weiten.

Hinwandelnd durch den dämmervollen Garten
Träum ich nach ihren helleren Geschicken
Und fühl der Stunden Weiser kaum mehr rücken.
So folg ich über Wolken ihren Fahrten.

Da macht ein Hauch mich von Verfall erzittern.
Die Amsel klagt in den entlaubten Zweigen.
Es schwankt der rote Wein an rostigen Gittern,

Indes wie blasser Kinder Todesreigen
Um dunkle Brunnenränder, die verwittern,
Im Wind sich fröstelnd blaue Astern neigen.

Lösungsvorschlag:
Gliederung des Aufsatzes

A. Einleitung: Individuum und Natur als Themen der Romantik und des Expressionismus

B. Hauptteil: Interpretation
- I. Inhalt und Aussage
  1. Inhalt
  2. Aussage
- II. Sprachliche und formale Mittel

C. Schluss: Expressionismus und Barock

Stichwortartige Ausarbeitung des Aufsatzes

A. Einleitung

Hat die Romantik in der Natur noch die Anwesenheit des Göttlichen erspüren können, so führt in der expressionistischen Gestaltung des gleichen Motivs das Betrachten zur trostlosen Erfahrung von Einsamkeit und Vergänglichkeit. Trakls Sonett *Verfall* trägt diese Erfahrung im Titel.

B. Hauptteil: Interpretation

I. Inhalt und Aussage

1. Inhalt

1. Quartett: Das lyrische Ich hört die abendlichen Kirchenglocken und folgt mit dem Blick den davonfliegenden Vögeln.

2. Quartett: In seiner Fantasie begleitet das lyrische Ich die Vögel noch weiter auf ihrem Flug, wobei es die verrinnende Zeit kaum mehr bemerkt.

1. Terzett: Der Gesang der Amsel und die roten Blätter der Reben erinnern das lyrische Ich an die Vergänglichkeit.

2. Terzett: Diesen Eindruck unterstützen blaue Astern.

2. Aussage

Das lyrische Ich kann die Entgrenzung seines Welteindrucks nur kurz im Traum erleben; angesichts der Vergänglichkeit verfällt es am Ende in Resignation. Der Traum, die Fantasie, vermag die Wirklichkeit nur kurz zu verlassen, als Vergänglichkeit kehrt sie in das Bewusstsein des Menschen zurück.

II. Sprachliche und formale Mittel

Die verwendeten sprachlichen und formalen Mittel unterstützen die positive Naturerfahrung der Quartette bzw. die Wahrnehmung des Verfalls in den Terzetten:

- Sonett, fünfhebiger Jambus, weibliche Kadenzen, umarmender Reim in Quartetten, erweiterter Reim mit Reimform ababab (Kreuzreim) in den Terzetten: Trennung in positive Naturerfahrung und Wahrnehmung des Verfalls;
- Vergleich: *gleich frommen Pilgerzügen* (V. 3), religiöse Überhöhung des Natureindrucks;
- positiv besetzte Adjektive: z. B. *wundervollen* (V. 2), *frommen* (V. 3), *klaren* (V. 4), *helleren* (V. 6) zum Ausdruck der positiven Naturerfahrung;
- negativ besetzte Adjektive, Verben und Substantive: z. B. *Verfall* (V. 9), *erzittern* (V. 9), *klagt* (V. 10), *entlaubten* (V. 10), *schwankt* (V. 11), *rostigen Gittern* (V. 11), *blasser* (V. 12), *Todesreigen* (V. 12),

dunkle (V. 13), *verwittern* (V. 13) zum Ausdruck der Wahrnehmung des Verfalls und des Todes;
- romantische Motive: Sehnsuchtsmotiv und Abendmotiv (1. Quartett), Traum (2. Quartett);
- Enjambement: vgl. V. 1 f., V. 2 f., Verdeutlichung der Bewegung der Vögel;
- Personifizierung: *Die Amsel klagt in den entlaubten Zweigen* (V. 10), *Im Wind sich fröstelnd blaue Astern neigen* (V. 14), Projektion des eigenen emotionalen Zustands; im Expressionismus steht der Ausdruck der Innenwelt des lyrischen Ichs im Vordergrund;
- Vergleich: *wie blasser Kinder Todesreigen* (V. 12), Steigerung der Verfallswahrnehmung und als Kontrast zum Vergleich in V. 3;
- Metaphern: klagende Amsel, roter Wein an rostigen Gittern, Todesreigen der Kinder, *dunkle Brunnenränder* (V. 13), *blaue Astern* (V. 12) als Metaphern für Vergänglichkeit, Tod, Verfall.

C. Schluss

Die Sonettform, an der sich Trakl orientiert, ist eine beliebte Gedichtform des Barock. Ist dort jedoch die Erfahrung der Vergänglichkeit in den Quartetten und der Trost, die Hinwendung zu Gott, in den Terzetten zu lesen, so finden wir diese Reihenfolge im expressionistischen Gedicht Trakls beinahe umgekehrt. Sein Gedicht vermag keinen Trost zu geben, es klingt aus mit der resignierenden Erfahrung von Verfall und Tod.

Alfred Lichtenstein (1889–1914)
***Nebel* (1913)**

Ein Nebel hat die Welt so weich zerstört.
Blutlose Bäume lösen sich in Rauch.
Und Schatten schweben, wo man Schreie hört.
Brennende Biester schwinden hin wie Hauch.

Gefangne Fliegen sind die Gaslaternen.
Und jede flackert, dass sie noch entrinne.
Doch seitlich lauert glimmend hoch in Fernen
Der giftige Mond, die fette Nebelspinne.

Wir aber, die, verrucht, zum Tode taugen,
Zerschreiten knirschend diese wüste Pracht.
Und stechen stumm die weißen Elendsaugen
Wie Spieße in die aufgeschwollne Nacht.

Noch deutlicher wird die Vergänglichkeit mittels expressionistischer Metaphorik im Gedicht *Nebel* thematisiert

2.3 Georg Heym
Die Stadt
Rolf Dieter Brinkmann
Gedicht

Arbeitsaufgabe:
Interpretieren und vergleichen Sie die beiden Gedichte.

Georg Heym wird 1887 in Hirschberg/Schlesien geboren. Nach dem Abschluss seines Jurastudiums erscheint sein Lyrikband *Der ewige Tag*. 1912 ertrinkt Heym beim Schlittschuhlaufen bei dem Versuch, einen Freund zu retten.

Georg Heym (1887–1912)
***Die Stadt* (1911)**

Sehr weit ist diese Nacht. Und Wolkenschein
Zerreißet vor des Mondes Untergang.
Und tausend Fenster stehn die Nacht entlang
Und blinzeln mit den Lidern, rot und klein.

Wie Aderwerk gehn Straßen durch die Stadt,
Unzählig Menschen schwemmen aus und ein,
Und ewig stumpfer Ton von stumpfem Sein
Eintönig kommt heraus in Stille matt.

Gebären, Tod, gewirktes Einerlei,
Lallen der Wehen, langer Sterbeschrei,
Im blinden Wechsel geht es dumpf vorbei:

Und Schein und Feuer, Fackeln rot und Brand,
Die drohn im Weiten mit gezückter Hand
Und scheinen hoch von toter Wolkenwand.

Rolf Dieter Brinkmann, * 16. 04 .1940 in Vechta, † 23. 04. 1975 in London; Schriftsteller, Lyriker; Werke z. B.: *In der Grube* (1962), *Westwärts 1&2* (1975), *Rom I, Blicke* (1979), *Eiswasser an der Guadelupe Str.* (1985), *Schnitte* (1988); epochengeschichtliche Einordnung: Moderne.

Rolf Dieter Brinkmann (1942–1975)
***Gedicht* (1975)**

Zerstörte Landschaft mit
Konservendosen, die Hauseingänge
leer, was ist darin? Hier kam ich

mit dem Zug nachmittags an,
zwei Töpfe an der Reisetasche
festgebunden. Jetzt bin ich aus

den Träumen raus, die über eine
Kreuzung wehn. Und Staub,
zerstückelte Pavane[1], aus totem

Neon, Zeitungen und Schienen
dieser Tag, was krieg ich jetzt,
einen Tag älter, tiefer und tot?

Wer hat gesagt, dass sowas Leben
ist? Ich gehe in ein
anderes Blau.

Lösungsvorschlag:
Gliederung des Aufsatzes

A. Einleitung: Vorstellung der Dichter, gemeinsames Thema

B. Hauptteil: Interpretation
- I. *Die Stadt*
  1. Inhalt und Aufbau
  2. Sprachliche und formale Mittel
  3. Zentrale Bilder und Symbole
- II. *Gedicht*
  1. Inhalt und Aufbau
  2. Sprachliche und formale Mittel
  3. Zentrale Bilder und Symbole
- III. Zusammenfassender Vergleich

C. Schluss: Aktualität

Stichwortartige Ausarbeitung des Aufsatzes

A. Einleitung

Georg Heym, ein Dichter des Expressionismus, und Rolf Dieter Brinkmann, ein Dichter der Moderne, sind bereits in jungen Jahren ums Leben gekommen: Heym ertrank 1912 beim Schlittschuhlaufen, Brinkmann starb 1975 bei einem Autounfall. In den vorliegenden Gedichten, *Die*

[1] *Pavane*: langsamer, festlicher Reihentanz

Stadt und *Gedicht*, haben sich beide Schriftsteller als junge Menschen mit dem Thema „Stadt" auseinander gesetzt. Bei der Gestaltung des Themas finden sich sowohl in formaler als auch in inhaltlicher Hinsicht Gemeinsamkeiten und Unterschiede.

B. Hauptteil: Interpretation

I. *Die Stadt*

1. Inhalt und Aufbau

Das Gedicht folgt der traditionellen Sonettform: In den Quartetten, dem Aufgesang, werden Beobachtungen formuliert, in den Terzetten, dem Abgesang, werden die Beobachtungen gedeutet.

1. Quartett: Das Gedicht setzt ein mit einer Naturbeschreibung: Es ist Nacht, die Wolken ziehen am untergehenden Mond vorbei, der die Stadt beleuchtet.

2. Quartett: Im zweiten Quartett steht die Stadt mit ihrer Vielzahl von Straßen und Menschen im Mittelpunkt der Beschreibung. Ein aus der Stadt kommender dumpfer Ton wird wahrgenommen.

1. Terzett: Das Leben der Menschen verläuft im unaufhörlichen Ablauf von Geburt und Tod.

2. Terzett: In der Ferne wird die Bedrohung durch vernichtendes Feuer wahrgenommen.

Als **Aussage** lässt sich formulieren, dass das in der Stadt geregelte Dasein der Menschen, das mit seinen natürlichen Abläufen als eintönig empfunden wird, bedroht zu sein scheint; die Bedrohung wird nicht näher benannt; sie manifestiert sich im Feuer.

2. Sprachliche und formale Mittel

Die sprachlichen und formalen Mittel unterstützen die subjektiven Wahrnehmungen der Stadt, die Wortwahl nimmt die im letzten Terzett gestaltete Bedrohung in Attributen und sprachlichen Bildern auf, die auf Gewalt und Zerstörung hindeuten. Im Einzelnen sind die folgenden poetischen Mittel festzustellen:

- Sonett als Gedichtform: Grund für die Übernahme der traditionellen und vor allem im Barock beliebten Form ist möglicherweise das gemeinsame Thema – die Erfahrung von Bedrohung und Vernichtung.
- Metrum, Reim, Rhythmus: fünfhebiger Jambus (statt traditionellem Alexandriner), umschließende Reime in den Quartetten (allerdings nicht nach dem traditionellen Schema abba abba, sondern abba cddc), Haufenreim in den Terzetten (traditionellerweise findet sich ein Schweifreim, zumindest greifen die Reime

in den Terzetten ineinander), fließender Rhythmus: Im Gegensatz zum traditionellen Sonett handelt es sich um eine vereinfachte Form, eventuell als formale Realisierung der zum Ausdruck kommenden Monotonie des Lebens (diese Deutung wird auch durch die monoton wirkende parataktische Syntax unterstützt), die Terzette wirken als abgeschlossene Einheiten.

- Enjambement (vgl. z. B. V. 1 f., V. 7 f., V. 9–11, 12 f.): Ausdruck der Dynamik (Aufreißen der Wolken, der aus der Stadt kommende Ton, das vernichtende Feuer);
- Personifizierung (*Fenster (...) blinzeln mit den Lidern,* V. 3 f.), Vergleich (vgl. V. 5), Aufzählung (vgl. V. 9 f.), Metapher (*schwemmen,* V. 6), Farbsymbol (*rot,* V. 4), Anapher (vgl. V. 3 f.): Stadt als lebender Körper;
- Personifizierung (*Und Schein und Feuer (...) drohn,* V. 12 f.), Alliteration und Farbsymbol (*Feuer, Fackeln rot,* V. 12), o-Assonanz (*rot, drohn, hoch, toter,* V. 12–14): Verstärkung der wahrgenommenen Bedrohung;
- Inversion (vgl. V. 1, V. 7 f.): Unterstreichung des frühen Morgens bzw. hervorgehobene Betonung der wahrgenommenen Eintönigkeit – auch die Alliteration: *stumpfe(s) Sein* (V. 7) und *Stille* (V. 8), die Wiederholung von *stumpf* (V. 7) und *und* (V. 1, 3 f., 7, 12, 14) heben die Monotonie hervor.

3. Zentrale Bilder und Symbole

- die Stadt als Lebewesen: Die Stadt wird als organisches Leben betrachtet, das über Augen (*Fenster,* V. 3), die mit den Lidern blinzeln können (vgl. V. 4) und über ein Aderngeflecht aus Straßen (vgl. V. 5) verfügt. Das Farbsymbol *rot* (V. 4) deutet auf die Farbe von Blut hin und steht ganz allgemein für Leben und Fruchtbarkeit, aber auch für Gefahr. Die Menschen, die in der Stadt ein- und ausgehen, werden als „Aus- bzw. Einschwemmungen" (vgl. V. 6) bezeichnet: Die Assoziation mit dem Körper, der Nahrung aufnimmt und ausscheidet, liegt nahe.
- Monotonie des menschlichen Lebens: Der Mensch wird als Bestandteil einer Masse gesehen. Diese Masse ist einem permanenten Kreislauf von Werden und Vergehen unterworfen. Die einzigen Artikulationen dieser Masse sind instinktive Laute beim Gebären und beim Sterben (vgl. V. 9). Der permanente Kreislauf wird als eintönig, als *stumpf* (V. 7), *matt* (V. 8), dumpf (V. 11) und als *blinde(r) Wechsel* (V. 11) empfunden. Für Individualität ist kein Platz. Die Menschen, die in dieser Weise ihr *stumpfe(s) Sein* (V. 7) leben, scheinen für die im letzten Terzett angekündigte Bedrohung nicht empfänglich zu sein.

- Bilder der angekündigten Zerstörung: Im ersten Quartett wird Zerstörung durch die Wortwahl angekündigt, das „Zerreißen" (vgl. V. 2) des Wolkenscheins, der Untergang des Mondes (vgl. V. 2) stehen in inhaltlicher Verbindung mit dem letzten Terzett, das explizit die drohende Vernichtung in Farbsymbolik (*rot,* V. 11) und Wortwahl (*drohn,* V. 13, *tot,* vgl. V. 14) ankündigt.

I. ***Gedicht***

1. Inhalt und Aufbau

Das Gedicht folgt keiner traditionellen Form, es besteht aus fünf dreizeiligen Versgruppen, die durch vers- und strophenübergreifende Enjambements verbunden sind.

In der ersten Versgruppe wird eine zerstörte Landschaft erwähnt. Das lyrische Ich erzählt, dass es nachmittags in einem Ort angekommen ist; an diesem Ort fällt ihm auf, dass die Hauseingänge leer sind. An seiner Reisetasche hat das lyrische Ich zwei Töpfe befestigt. Am Ende der zweiten Versgruppe wechselt das Tempus wieder und das lyrische Ich stellt fest, das es nicht mehr träume; es konstatiert in der vierten Versgruppe, dass es einen Tag älter geworden sei und sich tot fühle. In der Suggestivfrage nach demjenigen, der eine solche Existenz als „Leben" bezeichnet hat, kommt seine Unzufriedenheit heraus. Am Ende der letzten Versgruppe steht der Entschluss des lyrischen Ichs wieder auszubrechen. Sein Ziel ist in die Metapher des *andere(n) Blau* (V. 15) gekleidet.

Aussage: Das lyrische Ich könnte Menschen repräsentieren, die vorgefertigte Antworten nicht als lebenserfüllend akzeptieren wollen, sondern die sich ihren eigenen Weg suchen.

2. Sprachliche und formale Mittel

Die sprachlichen und formalen Mittel unterstützen die subjektiven Wahrnehmungen der Stadt, insbesondere die Desillusionierung und die Neuorientierung des suchenden lyrischen Ichs. Im Einzelnen sind die folgenden poetischen Mittel festzustellen:

- Gedichtform, Metrum, Reim, Rhythmus: Das Gedicht folgt keinem traditionellen Schema, es ist reimlos, das Metrum ist unregelmäßig, der Rhythmus frei. Es wirkt wie optisch gegliederte Prosa, diesen Eindruck unterstützen auch die Enjambements, die in jedem Vers zu finden sind und die auf die fortlaufende (Wander-) Bewegung des lyrischen Ichs hindeuten. Der Verzicht auf ein regelmäßiges Metrum und auf Reim drückt Nüchternheit aus.
- Fragesätze (vgl. V. 3, 11 f., 13 f.): Die nicht beantworteten Fragesätze kennzeichnen das suchende Ich. In V. 2 f. stellt es fest, dass die Hauseingänge leer sind, dennoch fragt es danach, was

in ihnen sein könnte (Paradoxon). In V. 11 will es wissen, was es noch bekommt, was es noch erwarten kann. In V. 13 f. distanziert es sich von der allgemeinen Annahme, dass das erlebte Leben das richtige Leben sein könnte.

- Tempuswechsel (vgl. V. 1–3 und V. 3–5) zur Markierung eines vergangenen Zustands, in dem noch geträumt worden ist, und eines gegenwärtigen Zustands, in dem die Träume der Ernüchterung gewichen sind. V. 15 ist futurisch als Aufbruch zu einer anderen Art von Leben zu verstehen.
- Alltagssprache (in V. 11 mit *krieg* sogar Umgangssprache), Ellipse (vgl. V. 1–3, 5 f., 8 f.), Wiederholung (vgl. V. 6, 11 und V. 9, 12): Nüchternheit der Beobachtungen, Verzicht auf Feierlichkeit angesichts der Enttäuschung;
- Aufzählung/Trias: *Neon, Zeitungen und Schienen* (V. 10) als jeweils pars pro toto für die Zivilisation und ihre Künstlichkeit; *älter, tiefer und tot* (V. 12) als klimaxartige Aufzählung des desillusionierenden Seinszustands;
- Symbol (*Töpfe,* V. 5): Das lyrische Ich kommt mit der Erwartung, in der Stadt zu leben.

3. Zentrale Bilder und Symbole

- Umweltzerstörung: Die Umwelt wird in V. 1 f. als verschmutzt erlebt, sie wird sogar als *zerstört* (V. 1) bezeichnet. Die *Konservendosen* (V. 2), die wohl achtlos in die Landschaft geworfen worden sind, wirken als Symbol für Zivilisationsmüll, der sich in der Natur wiederfinden lässt.
- Anonymität: Das Bild von den leeren Hauseingängen (vgl. V. 2 f.) deutet auf Verlassenheit und Isolation hin.
- Entscheidungssituation: Die Symbole *Kreuzung* und *Staub* (vgl. V. 8 ff.) stellen eine Situation dar, in der eine Entscheidung über den weiteren Lebensweg zu erfolgen hat. Der Staub ist das, was von feierlichen Träumen (*Pavane,* V. 8) übrig geblieben ist; er setzt sich aus Zivilisationsbestandteilen zusammen.
- Neue Ziele: Das Farbsymbol *Blau* (V. 15), das der Romantik als Erfüllung der Sehnsucht, dem Expressionismus als Todesfarbe gilt, steht für ein neues Ziel, das das lyrische Ich ansteuert. Mit der Romantik verbindet auch das Wandermotiv (vgl. z. B. Eichendorffs *Rückkehr*). In welcher Weise das „Blau" auszudeuten ist, bleibt offen; zu denken wäre an das Leben bereichernde Erfahrungen, z. B. Mitmenschlichkeit, Freundschaft. Klar ist nur, dass das lyrische Ich die von der Zivilisation angebotenen Sinnantworten ablehnt.

III. Zusammenfassender Vergleich

1. **formal**: Während sich *Die Stadt* formal der traditionellen Sonettform annähert und sie an einzelnen Stellen modifiziert, verzichtet *Gedicht* auf die Aufnahme traditioneller Formen, indem es als optisch gegliederte Prosa erscheint, die eine große Zahl von Assoziationen zulässt. In beiden Gedichten kommen poetische Mittel zum Einsatz, der Sinngehalt erschließt sich durch die Deutung der zentralen sprachlichen Bilder und Symbole.
2. **inhaltlich**: In beiden Gedichten wird die Stadt zum Thema. Bei Heym ist sie der Ort von monotonem Dahinleben, bei Brinkmann wird sie als Ort der Isolation und der Vereinsamung erfahren. Die Zukunftsperspektive ist bei Heym durch die drohende Zerstörung gekennzeichnet; bei Brinkmann ist das Ende durchaus optimistisch, indem es den Wunsch des lyrischen Ichs artikuliert, sich ein neues Ziel zu suchen. Der Titel von Heyms Gedicht verweist symbolisch auf den Ort, wo menschliches Leben in Gleichförmigkeit erfahren wird; Brinkmanns Titelwahl *Gedicht* lässt in Bezug auf die inhaltliche Betonung keine eindeutige Festlegung zu (vgl. „Zentrale Bilder und Symbole").
3. **epochentypisch**: Heyms Gedicht lässt sich sprachlich und inhaltlich dem Expressionismus zuordnen. Kriterien dafür sind u. a.: Ausdruck des inneren Erlebens, Pathos, Ekstase, Wiedergabe subjektiv-sinnlicher Eindrücke, subjektive Überhöhung des Realen, Darstellung von Orten des Inhumanen (Stadt als beliebtes Thema, vgl. z. B. Wolfensteins *Städter*), Vorstellung eines neuen Menschen. Die drohende Zerstörung könnte auf den Ersten Weltkrieg hinweisen, der auch von Künstlern als „Reinigung" betrachtet wurde, die überkommende gesellschaftliche Strukturen auslöscht und Platz für eine neue Gesellschaftsform und einen „neuen Menschen" macht. Brinkmanns *Gedicht* ist der Moderne zuzurechnen: Das lyrische Ich stellt das suchende Individuum in den Mittelpunkt, das sich kritisch mit den Sinnangeboten auseinander setzt; ohne dass auf religiösen Trost gehofft wird, sucht das Ich am Ende seinen Weg selbst. Trotz der das Gedicht bestimmenden resignativen Haltung lässt sich neue Hoffnung und neues Selbstvertrauen am Ende erspüren.

C. Schluss

Es besteht – meiner Meinung nach – kein Zweifel daran, dass das Menschenbild in Brinkmanns Gedicht aktueller ist. In der heutigen Zeit geht man im Allgemeinen nicht mehr davon aus, dass die Lösung von Problemen durch eine passiv zu erduldende gewalttätige Umwälzung erfolgt. Der moderne Mensch vertraut darauf, dass er aus eigener Kraft, aktiv sein Leben und die damit zusammenhängenden Probleme meistern kann. In diesem Menschenbild kann auch ein Appell enthalten sein, sich aus fatalistischer Lethargie zu lösen und sich für gesellschaftliche Veränderungen einzusetzen.

2.4 Georg Heym
*Der Krieg**

Info
Kurzbiografie von Georg Heym s. S. 42

Arbeitsaufgabe:
Interpretieren Sie das folgende Gedicht.

Georg Heym (1887–1912)
***Der Krieg* (1912)**

Aufgestanden ist er, welcher lange schlief,
Aufgestanden unten aus Gewölben tief.
In der Dämmrung steht er, groß und unbekannt,
Und den Mond zerdrückt er in der schwarzen Hand.

In den Abendlärm der Städte fällt es weit,
Frost und Schatten einer fremden Dunkelheit.
Und der Märkte runder Wirbel stockt zu Eis.
Es wird still. Sie sehn sich um. Und keiner weiß.

In den Gassen fasst es ihre Schulter leicht.
Eine Frage. Keine Antwort. Ein Gesicht erbleicht.
In der Ferne zittert ein Geläute dünn.
Und die Bärte zittern um ihr spitzes Kinn.

Auf den Bergen hebt er schon zu tanzen an,
Und er schreit: Ihr Krieger alle, auf und an.
Und es schallet, wenn das schwarze Haupt er schwenkt,
Drum von tausend Schädeln laute Kette hängt.

Einem Turm gleich tritt er aus die letzte Glut,
Wo der Tag flieht, sind die Ströme schon voll Blut.
Zahllos sind die Leichen schon im Schilf gestreckt,
Von des Todes starken Vögeln weiß bedeckt.

Über runder Mauern blauem Flammenschwall
Steht er, über schwarzer Gassen Waffenschall.
Über Toren, wo die Wächter liegen quer,
Über Brücken, die von Bergen Toter schwer.

In die Nacht er jagt das Feuer querfeldein
Einen roten Hund mit wilder Mäuler Schrein.
Aus dem Dunkel springt der Nächte schwarze Welt,
Von Vulkanen furchtbar ist ihr Rand erhellt.

Und mit tausend hohen Zipfelmützen weit
Sind die finstren Ebnen flackend überstreut,
Und was unten auf den Straßen wimmelnd hin und her,
Fegt er in die Feuerhaufen, dass die Flamme brenne mehr.

Und die Flammen fressen brennend Wald um Wald,
Gelbe Fledermäuse zackig in das Laub gekrallt,
Seine Stange haut er wie ein Köhlerknecht
In die Bäume, dass das Feuer brause recht.

Eine große Stadt versank im gelben Rauch,
Warf sich lautlos in des Abgrunds Bauch.
Aber riesig über glühnden Trümmern steht,
Der in wilde Himmel dreimal seine Fackeln dreht,

Über sturmzerfetzter Wolken Widerschein,
In des toten Dunkels kalten Wüstenein,
Dass er mit dem Brande weit die Nacht verdorr,
Pech und Feuer träufet unten auf Gomorrh.

Lösungsvorschlag:
Gliederung des Aufsatzes

A. Einleitung: Vorstellung des Dichters, Thema des Gedichts

B. Hauptteil: Interpretation
   I. Gliederung und Inhalt
   II. Aussage
   III. Formale und sprachliche Gestaltung

C. Schluss: Aktualität des Gedichts

Stichwortartige Ausarbeitung des Aufsatzes

A. Einleitung

Das Thema des vorliegenden Gedichtes *Der Krieg* ist die Brutalität, mit der der Krieg alles Lebendige vernichtet. Georg Heym nimmt in seinem zwei Jahre vor dem Ausbruch des Ersten Weltkriegs erschienenen Gedicht das Entsetzen und Grauen vorweg, das die 1914 begeistert in den Krieg ziehenden Männer erwartet.

B. Hauptteil: Interpretation

I. Gliederung und Inhalt

Gliederung in drei Teile: V. 1–12 (auftauchender Krieg), V. 13–32 (sein Vernichtungswerk), V. 33–40 (Triumph des Kriegs).

Im ersten Teil des Gedichtes wird das Auftauchen des personifizierten Kriegs beschrieben. Der Krieg hat lange Zeit geschlafen und erhebt sich nun in der Dämmerung, der Mond ist sein erstes Vernichtungsopfer. Das Leben in den Städten erstarrt, wenn sein Schatten auf sie fällt. Die Menschen sind verunsichert und erschrecken. Von der dritten Strophe an beginnt der Krieg sein Vernichtungswerk, indem er zunächst seine Kämpfer auffordert, mit dem Kampf zu beginnen. Um den Hals des personifizierten Krieges hängt eine aus Menschenschädeln gefertigte Kette. Bereits mit dem Einbruch der Nacht sind die ersten Menschen getötet und liegen im Schilf. Das Tötungswerk wird in der Stadt fortgesetzt; auf Gassen, über Toren und auf Brücken liegen die Opfer. In der Nacht setzt er sein Zerstörungswerk mit Feuer fort; eine Feuersbrunst erhebt sich im ganzen Land, Wälder fallen ihm zum Opfer, der Krieg treibt alles Lebendige ins Feuer hinein. In den letzten beiden Strophen hat der Krieg sein Zerstörungswerk vollendet: Eine große Stadt liegt in Trümmern, das Land ist verwüstet, der Krieg aber triumphiert.

II. Aussage

Der Krieg zerstört alles Lebendige, die Natur und von Menschenhand Geschaffenes. Ist er einmal aufgestanden, beherrscht er die ganze Welt.

III. Formale und sprachliche Gestaltung

Im Dienste der Aussage werden die formalen und sprachlichen Mittel eingesetzt. Dabei fällt die Verwendung ausdrucksstarker Adjektive und Verben, die das Zerstörungswerk des Kriegs beschreiben, ganz besonders ins Auge. Weitere sprachliche und formale Mittel sind:

- zehn Vierzeiler mit Paarreim, sechshebiger Trochäus mit männlichen Kadenzen: Regelmäßigkeit der formalen Gestaltung möglicherweise als Kontrast zu dem Vernichtungswerk des Kriegs, der Unordnung mit sich bringt. Denkbar auch als ein Zeichen der Unerbittlichkeit und der Gesetzmäßigkeit des Krieges (vgl. Regelmaß des Marschtrittes);
- Alliteration: z. B. *Und es schallet, wenn das schwarze Haupt er schwenkt* (V. 15); *Fegt er in die Feuerhaufen, dass die Flamme brenne mehr* (V. 32);
- inhaltlicher Parallelismus von V. 1–12 und V. 33–40: der Krieg steht *aus Gewölben tief* (V. 2) auf, die Stadt versinkt *in des Abgrunds Bauch* (V. 38), der Krieg zerdrückt den am Himmel stehenden Mond (vgl. V. 4), in V. 40 schwenkt er *in wilde Himmel dreimal seine Fackeln*, dem Lärm der Stadt (vgl. V. 5) steht deren Lautlosigkeit (vgl. V. 38) gegenüber, *Eis* (V. 7) wird *zu Feuer* (V. 44). Diese Kontraste verdeutlichen die Wirkung des Kriegs;
- Vergleich: *wie ein Köhlerknecht* (V. 35), verdeutlicht das Niederbrennen des Waldes;
- Inversion und Anapher in V. 1 f.: Betonung des Aufstehens, wirkt besonders durch die Wiederholung bedrohlich; weitere Inversion in V. 17: Betonung der Unbesiegbarkeit des Krieges;
- Farbsymbole, die mit dem Unheimlichen (schwarz, vgl. V. 4, V. 15, V. 22, V. 27) und dem Zerstörungswerk (gelb, vgl. V. 37) assoziiert werden können;
- Syntax: kurze Sätze in V. 8 und V. 10 als Ausdruck der Verwirrung und Ratlosigkeit (vgl. V. 8) und des beginnenden Schreckens (vgl. V. 10), längere Sätze als erzählende Auflistung der Zerstörungswerke;
- Gebrauch der Pronomina: *er* (V. 1, V. 3, V. 13, V. 17, V. 22, V. 25, V. 32, V. 35, V. 43) für Krieg, *es* bzw. *ihr* (V. 5, V. 9, V. 12) für das Zerstörungswerk und *sie* (V. 8) für die Menschen; verdeutlicht insbesondere die Anonymität des Kriegs und die Ohnmacht der seinem Schrecken ausgelieferten Menschen;
- Vergleich/Anspielung in V. 44: Die Anspielung auf die alttestamentliche Erzählung von der Zerstörung von Sodom und Gomorrah wirft die Schuldfrage auf (Hinweis auf das ambivalente Verhältnis des Expressionismus zur Großstadt: Mischung aus Faszination und Erschrecken).

C. Schluss

Dort, wo heute Krieg herrscht, offenbart er das Gesicht, das Heym in seinem Gedicht eindrucksvoll beschreibt. Besonders in der letzten Strophe und in dem Bild der *Wüstenein* (V. 42) kann sich der Leser an das von

Atombomben zerstörte Hiroshima und Nagasaki erinnert sehen. Vielleicht lässt sich aus dem Gedicht ein Appell herauslesen, angesichts des Grauens und der Zerstörung, die ein Krieg unweigerlich zur Folge hat, alles Menschenmögliche zu seiner Verhinderung zu unternehmen. Möglicherweise denkt Heym hier aber auch eher pessimistisch und stellt die Unabwendbarkeit des Krieges und seine Herrschaft über den Menschen dar.

Ernst Stadler (1883–1914)
***Sterben* (1914)**

Das Blut sickert schüchtern durch den Rock.
Ruhig welken die schmutzigen, grauen Glieder.
Lippen sind blasser und dünner, Nasen spitzer.
Auf geglätteten Stirnen glänzt der Schweiß.
Augen öffnen sich, alle mit gleichem Blick.
Die sind alle wie blau, alle sanft und groß,
Voll unendlicher Ferne und Güte;
Und vergeben der Welt und uns das höllische Treiben.

Der Schrecken des Krieges gehört zu den Themen expressionistischer Gedichte.

2.5 Ernst Stadler
Vorfrühling

Arbeitsaufgabe:
Interpretieren Sie das Gedicht. Gehen Sie dabei auf die Zusammenhänge von äußerer Umgebung und innerer Verfassung des lyrischen Ichs ein und erarbeiten Sie in diesem Kontext die formalen und sprachlichen Mittel.

Info

Ernst Stadler wird 1883 in Colmar geboren und stirbt 1914 bei Ypern an der Westfront. In seinen Gedichten (Gedichtsammlung *Der Aufbruch* 1914) wendet er sich gegen den Impressionismus. Er gestaltet ekstatischen Lebensgenuss (vgl. *Fahrt über die Kölner Rheinbrücke bei Nacht*) und Tatendrang; Schicksal und Krieg versteht er als Herausforderung und Erlebnis. Seine Lebenseinstellung kommt z. B. in seinem Gedicht *Form ist Wollust* (1914) zum Ausdruck (s. S. 54).

Ernst Stadler (1883–1914)
***Vorfrühling* (1914)**

1 In dieser Märznacht trat ich spät aus meinem Haus.
2 Die Straßen waren aufgewühlt von Lenzgeruch und grünem Saatregen.
3 Winde schlugen an. Durch die verstörte Häusersenkung
gieng ich weit hinaus
4 Bis zu dem unbedeckten Wall und spürte:
meinem Herzen schwoll ein neuer Takt entgegen.

5 In jedem Lufthauch war ein junges Werden ausgespannt.
6 Ich lauschte, wie die starken Wirbel mir im Blute rollten.

Schon dehnte sich bereitet Acker. In den Horizonten eingebrannt
War schon die Bläue hoher Morgenstunden, die ins Weite führen sollten.

Die Schleusen knirschten. Abenteuer brach aus allen Fernen.
Überm Kanal, den junge Ausfahrtwinde wellten, wuchsen helle Bahnen,
In deren Licht ich trieb. Schicksal stand wartend in umwehten Sternen.
In meinem Herzen lag ein Stürmen wie von aufgerollten Fahnen.

Ernst Stadler
***Form ist Wollust* (1914)**

Form und Riegel mussten erst zerspringen,
Welt durch aufgeschlossne Röhren dringen:
Form ist Wollust, Friede, himmlisches Genügen,
Doch mich reißt es, Ackerschollen umzupflügen.
Form will mich verschnüren und verengen,
Doch ich will mein Sein in alle Weiten drängen –
Form ist klare Härte ohn' Erbarmen,
Doch mich treibt es zu den Dumpfen, zu den Armen,
Und in grenzenlosem Michverschenken
Will mich Leben mit Erfüllung tränken.

Lösungsvorschlag:
Gliederung des Aufsatzes

A. Einleitung: Epocheneinordnung, Thema des Gedichts

B. Hauptteil: Interpretation
- I. Inhalt und Aussage
  1. Inhalt
  2. Aussage

- II. Sprachliche und formale Mittel

- III. Umgebung und lyrisches Subjekt

C. Schluss: Hinweis auf motivgleiche Gedichte

Stichwortartige Ausarbeitung des Aufsatzes

A. Einleitung

Ein bedeutsames und häufig zu beobachtendes Kennzeichen expressionistischer Gedichte ist der Bruch mit tradierten ästhetischen oder formalen Vorgaben. Im Verzicht auf wohlklingende Reim- und Versgestaltung und in der Verwendung kühner, ausdrucksstarker Metaphern finden die Dichter, als Beispiel dafür sei Gottfried Benns Gedicht *Morgue I. Kleine Aster* genannt, die angemessenenen sprachlichen und formalen Mittel, um Themen wie Verfall, Tod und Krieg, aber auch dynamische Aufbruchserlebnisse zu gestalten. Ernst Stadtler benutzt in seinem 1914 entstandenen Gedicht *Vorfrühling* diese Metaphorik, um die Natureindrücke des aufbrechenden lyrischen Subjekts darzustellen.

Gottfried Benn (1886–1956)
***Morgue*[1] *I. Kleine Aster* (1912)**

Ein ersoffener Bierfahrer wurde auf den Tisch gestemmt.
Irgendeiner hatte ihm eine dunkelhellila Aster
Zwischen die Zähne geklemmt.
Als ich von der Brust aus
unter der Haut
mit einem langen Messer
Zunge und Gaumen herausschnitt,
muß ich sie angestoßen haben, denn sie glitt
in das nebenliegende Gehirn.
Ich packte sie ihm in die Brusthöhle
zwischen die Holzwolle,
als man zunähte.
Trinke dich satt in deiner Vase!
Ruhe sanft,
kleine Aster!

B. Hauptteil: Interpretation

I. Inhalt und Aussage

1. Inhalt

1. Strophe: Das lyrische Ich unternimmt in einer Märznacht einen Spaziergang. Es nimmt den Frühlingsgeruch auf den Straßen

[1] Leichenschauhaus

wahr. Der Spaziergang führt es bis zur Stadtmauer, wo es einen unbestimmten Ruf, einen *neue(n) Takt* (V. 4), vernimmt.

2. Strophe: Das lyrische Ich nimmt den Duft werdenden Lebens wahr (Blüten?) und fühlt sich angesprochen. Es bemerkt das eigene Aufgeregt-Sein und sieht eine neue Zukunft am Horizont auftauchen.

3. Strophe: Die Zukunft ist abenteuerlich. Die Schleusen knirschen, der Fluss scheint das lyrische Ich in das neue Leben zu führen. Es ist äußerst erregt und erwartet das Schicksal mit großer Spannung.

2. Aussage

Im Frühling erwacht das Leben in der Natur. Der Spaziergang in einer Märznacht steht symbolisch für die Veränderung im menschlichen Leben. Der Mensch, der aufbricht, sein altes Leben zu verlassen und sein neues Leben zu suchen, wird von einem ekstatischen Lebensgefühl beherrscht.

II. Sprachliche und formale Mittel

Es lassen sich die folgenden sprachlichen und formalen Gestaltungsmittel feststellen:

- ungleichmäßiges Metrum, Zunahme der Hebungszahl zum Ende der Strophen hin;
- Rhythmus bestimmt durch Wechsel von Enjambements (vgl. V. 3 f., V. 7 f., V .10 f.), Wechsel mit Versen, in denen Satz- und Versschluss zusammenfallen;
- dynamisches Wortfeld, Verben der Bewegung wie z. B. *aufgewühlt* (V. 2), *trat* (V. 1), *gieng* (V. 3), *ausgespannt* (V. 5), *rollten* (V. 6), *dehnte* (V. 7), *ins Weite führen* (V. 8), *brach aus* (V. 9), *wuchsen* (V. 10), *Stürmen* (V. 12);
- Symbole: *Abenteuer* (V. 9) als Hinweis auf das Außergewöhnliche, *Schicksal* (V. 11) weckt die Assoziation des Ausgeliefert-Seins, *aufgerollte Fahnen* (V. 12) als Hinweis auf Krieg, Bewusstsein des nahenden Untergangs. *Vorfrühling* als Metapher für neuen Lebensabschnitt;
- Synästhesie: Wahrnehmung der Natur mit allen Sinnen, z. B. Geruchssinn (*Lenzgeruch*, V. 2), Tastsinn (*Lufthauch*, V. 5), Gehör (*Winde schlugen an*, V. 3), Auge (*grüne(r) Saatregen*, V. 2), als Ausdruck des ekstatischen Lebensgefühls;
- Sprache: pathetisch, erinnert an Hymne (vgl. Goethes *Prometheus, Ganymed*), z. B.: (...) *In den Horizonten eingebrannt / War schon die Bläue hoher Morgenstunden, die ins Weite führen sollten.* (V. 7 f.);

- Motiv des Weggehens, des Fortziehens: lyrisches Ich verlässt das Haus (vgl. V. 1), um in die Ferne zu ziehen;
- Kontrast: bedrückende Enge der Stadt, *verstörte Häusersenkung* (V. 3), Weite der sich öffnenden Landschaft (vgl. V. 8 f.);
- Attribute, die das Entstehen von Leben unterstreichen: *ein neuer Takt* (V. 4), *junges Werden* (V. 5), *junge Ausfahrtwinde* (V. 10).

III. Umgebung und lyrisches Subjekt

1. Strophe: Lyrisches Ich aktiv, dynamische Spannung;

2. Strophe: Lyrisches Ich hält inne, lauscht, nimmt die Weite wahr;

3. Strophe: „Anwort der Natur", Wiederaufnahme der Dynamik, aufgewühlte Bewegtheit und erwartungsvolle Haltung, Verschmelzung von Ich und Natur.

C. Schluss

Motive wie Abendstimmung, Aufbruch, Schrecken des Krieges, Todesahnung in anderen expressionistischen Gedichten: Mischung von gefühlsbetonter, ekstatischer Lebensstimmung und Untergangsvision, z. B. in Stadlers Gedicht *Fahrt über die Kölner Rheinbrücke bei Nacht* (s. S. 58); auch bei Alfred Lichtenstein, der im Herbst 1914, wenige Wochen nach dem Verfassen seiner Vorahnungen in V. 8 und V. 10 seines Gedichtes *Abschied*, tatsächlich bei Vermandovillers stirbt.

Alfred Lichtenstein (1889–1914)
***Abschied* (1914)**
(kurz vor der Abfahrt zum Kriegsschauplatz für Peter Scher)

Vorm Sterben mache ich noch mein Gedicht.
Still, Kameraden, stört mich nicht.

Wir ziehn zum Krieg. Der Tod ist unser Kitt.
O, heulte mir doch die Geliebte nit.

Was liegt an mir. Ich gehe gerne ein.
Die Mutter weint. Man muss aus Eisen sein.

Die Sonne fällt zum Horizont hinab.
Bald wirft man mich ins milde Massengrab.

Am Himmel brennt das brave Abendrot.
Vielleicht bin ich in dreizehn Tagen tot.

Ernst Stadler (1883–1914)
***Fahrt über die Kölner Rheinbrücke bei Nacht* (1914)**

1 Der Schnellzug tastet sich und stößt die Dunkelheit entlang.
2 Kein Stern will vor. Die ganze Welt ist nur ein enger, nachtumschienter Minengang,
3 Darein zuweilen Förderstellen blauen Lichtes jähe Horizonte reißen: Feuerkreis
4 Von Kugellampen, Dächern, Schloten, dampfend, strömend.. nur sekundenweis..
5 Und wieder alles schwarz. Als führen wir ins Eingeweid der Nacht zur Schicht.
6 Nun taumeln Lichter her.. verirrt, trostlos vereinsamt.. mehr.. und sammeln sich.. und werden dicht.
7 Gerippe grauer Häuserfronten liegen bloß, im Zwielicht bleichend, tot – etwas muss kommen.. o, ich fühl es schwer
8 Im Hirn. Eine Beklemmung singt im Blut. Dann dröhnt der Boden plötzlich wie ein Meer:
9 Wir fliegen, aufgehoben, königlich durch nachtentrissne Luft, hoch übern Strom. O Biegung der Millionen Lichter, stumme Wacht,
10 Vor deren blitzender Parade schwer die Wasser abwärts rollen. Endloses Spalier, zum Gruß gestellt bei Nacht!
11 Wie Fackeln stürmend! Freudiges! Salut von Schiffen über blauer See! Bestirntes Fest!
12 Wimmelnd, mit hellen Augen hingedrängt! Bis wo die Stadt mit letzten Häusern ihren Gast entlässt.
13 Und dann die langen Einsamkeiten. Nackte Ufer. Stille. Nacht. Besinnung. Einkehr. Kommunion. Und Glut und Drang.
14 Zum Letzten, Segnenden. Zum Zeugungsfest. Zur Wollust. Zum Gebet. Zum Meer. Zum Untergang.

2.6 Rainer Maria Rilke
Kindheit

Arbeitsaufgabe:
Geben Sie den Inhalt des Gedichtes wieder und erschließen Sie seine Aussage. Wie bringen die verwendeten sprachlichen Mittel die Kindheitserinnerungen zum Ausdruck?

Rainer Maria Rilke (1875–1926)
***Kindheit* (1902)**

Da rinnt der Schule lange Angst und Zeit
mit Warten hin, mit lauter dumpfen Dingen.
O Einsamkeit, o schweres Zeitverbringen ...
Und dann hinaus: die Straßen sprühn und klingen
und auf den Plätzen die Fontänen springen
und in den Gärten wird die Welt so weit –.
Und durch das alles gehn im kleinen Kleid,
ganz anders als die andern gehn und gingen –:
O wunderliche Zeit, o Zeitverbringen,
o Einsamkeit.

Und in das alles fern hinauszuschauen:
Männer und Frauen; Männer, Männer, Frauen
und Kinder, welche anders sind und bunt;
und da ein Haus und dann und wann ein Hund
und Schrecken lautlos wechselnd mit Vertrauen –:
O Trauer ohne Sinn, o Traum, o Grauen,
o Tiefe ohne Grund.

Und so zu spielen: Ball und Ring und Reifen
in einem Garten, welcher sanft verblasst,
und manchmal die Erwachsenen zu streifen,
blind und verwildert in des Haschens Hast,
aber am Abend still, mit kleinen steifen
Schritten nachhaus zu gehn, fest angefasst –:
O immer mehr entweichendes Begreifen,
o Angst, o Last.

Und stundenlang am großen grauen Teiche
mit einem kleinen Segelschiff zu knien;
es zu vergessen, weil noch andre, gleiche
und schönere Segel durch die Ringe ziehn,
und denken müssen an das kleine bleiche
Gesicht, das sinkend aus dem Teiche schien –:
O Kindheit, o entgleitende Vergleiche.
Wohin? Wohin?

Info

Rainer Maria Rilke wird 1875 in Prag geboren. Er studiert Philosophie, Kunst- und Literaturgeschichte in Prag. Seine ersten literarischen Versuche stammen aus dem Jahr 1894. Von 1897 an lebt er in Berlin, verbringt die folgenden Jahre aber hauptsächlich auf Reisen in die europäischen Nachbarländer. Von 1919 an lebt er in der Schweiz, wo er 1926 stirbt. Seine Gedichte wollen die Welt nicht nur deuten, sondern auch therapeutisch wirken, weil er die Welt in die Hände der Menschen gefallen glaubt. Eines seiner berühmtesten Werke ist der autobiografische Roman *Die Aufzeichnungen des Malte Laurids Brigge*.

Lösungsvorschlag: Gliederung des Aufsatzes

A. Einleitung: Vorstellung des Dichters, Thema seines Gedichtes

B. Hauptteil: Interpretation
- I. Inhalt und Aussage
  1. Inhalt
  2. Aussage
- II. Sprachliche Mittel

C. Schluss: Persönliche Wertung

Stichwortartige Ausarbeitung des Aufsatzes

A. Einleitung

Der 1875 geborene Dichter Rainer Maria Rilke, der seine Kindheit in Prag verbringt und in seinem späteren Leben nie richtig sesshaft wird, formuliert in seinem Gedicht *Kindheit* die teilweise melancholische Erinnerung eines offensichtlich schon erwachsenen Menschen an seine Kindheit.

B. Hauptteil: Interpretation

I. Inhalt und Aussage

1. Inhalt

Die Erinnerung wird in vier unterschiedlich lange Strophen gekleidet.

1. Strophe: Schulzeit wird als angstvolle Zeit erlebt, der Weg aus der Schule dagegen wird mit lebendigen Bildern positiv beschrieben; Straßen, Plätze und Gärten werden mit starken Emotionen verbunden; Hinweis auf die Kinderkleidung; verkürzte Verse, in denen die Melancholie des sich erinnernden lyrischen Ichs zum Ausdruck kommt.

2. Strophe: Erlebnis des Anders-Seins im Vergleich zu Erwachsenen und anderen Kindern; kindliche Gefühle wie Vertrauen und Furcht; verkürzte Verse, in denen die Melancholie des sich erinnernden lyrischen Ichs zum Ausdruck kommt.

3. Strophe: Erinnerung an Gartenspiele mit Ball, Ring und Reifen oder an Fangspiele, in die auch Erwachsene mit einbezogen worden sind; der widerwillige Weg nach Hause an der Hand eines Erwachsenen; das lyrische Ich beklagt, dass die Erinnerung immer blasser wird.

4. Strophe: Spiel mit einem Segelschiff an einem Teich; vergleichende Beobachtung anderer Schiffe; das eigene Spiegelbild wird im Teich sichtbar und sinkt immer weiter hinab; Trauer über die vergangene Kindheit.

2. Aussage
Der Erwachsene erlebt die Kindheit nur noch in der Erinnerung, die ihn melancholisch stimmt, weil er die Kindheit als unwiederbringlich vergangen erfährt.

II. Sprachliche Mittel
Es lassen sich die folgenden sprachlichen Mittel feststellen:
- fünfhebiger Jambus, am Strophenende auf zwei bzw. drei Hebungen verkürzt, abwechselnd mit männlichen und weiblichen Kadenzen, vermittelt den Eindruck eines Kinderliedes mit Refrain;
- 2 Endreime pro Strophe unterstreichen den Eindruck eines Kinderliedes;
- Kontrast (V. 1–3 und V. 4–6): negatives Schulerlebnis (Angst) – positiver Weg von der Schule (Befreiung);
- wiederholte Interjektionen am Strophenende (vgl. z. B. V. 9 f., V. 16 f.) als Verdeutlichung der melancholischen Grundstimmung;
- *und*-Anaphern (vgl. z. B. V. 5 f. und V. 13–15), Nachahmung kindlicher Ausdrucksweise;
- Verwendung von Gedankenstrichen vor den letzten beiden Versen: Ankündigung eines Perspektivenwechsels von der Erinnerung zur Bewertung der Erinnerung;
- zahlreiche Assonanzen und Alliterationen: *Haschens Hast* (V. 21), Verklärung der Kindheit auch durch Gebrauch kindlicher Worte wie z. B. *Haschen* für ein Fangspiel;
- Metapher: *Teich* (V. 26 ff), möglicherweise als Bild für die Lebenszeit gemeint, in der die Erinnerung an das eigene Ich (*das kleine bleiche Gesicht*, V. 30 f.) langsam versinkt.

C. Schluss
In dem Gedicht *Kindheit* kommt eine melancholische Haltung zum Ausdruck, wie sie wohl vielen Menschen angesichts der mit dem fortschreitenden Lebensalter scheinbar immer schneller verrinnenden Zeit zu Eigen ist. Dabei erscheint es bemerkenswert, dass zumeist nur positive Erinnerungen das Gedenken bestimmen, die negativen Erlebnisse bleiben ausgespart. Auch wenn das Gedicht *Kindheit* zumindest die Schulerfahrungen sogar noch aus der Zukunft als Leiderfahrungen tituliert, so glorifiziert es doch im Nachhinein alle anderen Bereiche. Vielleicht resultiert diese Glorifizierung aus der mangelnden Verantwortung als Kind und ei-

ner gewiss menschlichen Sehnsucht danach, die mit dem Erwachsenwerden einhergehende Aufgeklärtheit rückgängig zu machen (vgl. dazu auch Heinrich von Kleists Essay *Über das Marionettentheater*).

2.7 Rainer Maria Rilke *Abschied* Franz Werfel *Der Mensch ist stumm*

Arbeitsaufgabe:

Beschreiben Sie den gedanklichen Aufbau, die Form sowie die sprachliche Gestaltung der beiden folgenden Gedichte, und erarbeiten Sie eine vergleichende Interpretation, in der Sie die unterschiedliche Darstellung des Motivs „Abschied" auch unter zeittypischen Gesichtspunkten betrachten!

info

Kurzbiografie von Rainer Maria Rilke s. S. 59

Rainer Maria Rilke (1875–1926)
***Abschied* (1906)**

Wie hab ich das gefühlt was Abschied heißt.
Wie weiß ichs noch: ein dunkles unverwundnes
grausames Etwas, das ein Schönverbundnes
noch einmal zeigt und hinhält und zerreißt.

Wie war ich ohne Wehr, dem zuzuschauen,
das, da es mich, mich rufend, gehen ließ,
zurückblieb, so als wärens alle Frauen
und dennoch klein und weiß und nichts als dies:

Ein Winken, schon nicht mehr auf mich bezogen,
ein leise Weiterwinkendes –, schon kaum
erklärbar mehr: vielleicht ein Pflaumenbaum,
von dem ein Kuckuck hastig abgeflogen.

Franz Werfel (1890–1945)
Der Mensch ist stumm (entstanden in den Dreißigerjahren)

Ich habe dir den Abschiedskuss gegeben
Und klammre mich nervös an deine Hand.
Schon mahn ich dich, auf dies und jenes Acht zu geben.
    Der Mensch ist stumm.

Will denn der Zug, der Zug nicht endlich pfeifen?
Mir ist, als dürfte ich dich nie mehr wiedersehn.
Ich rede runde Sätze, ohne zu begreifen ...
  Der Mensch ist stumm.

Ich weiß, wenn ich dich nicht mehr hätte,
Das wär' der Tod, der Tod, der Tod!
Und dennoch möcht' ich fliehn. Gott, eine Zigarette!
  Der Mensch ist stumm.

Dahin! Jetzt auf der Straße würgt mich Weinen.
Verwundert blicke ich mich um.
Denn auch das Weinen sagt nicht, was wir meinen.
  Der Mensch ist stumm.

Info

Franz Werfel, * 10. 9. 1890 in Prag, † 26. 8. 1945 in Beverly Hills; Lyriker, Dramatiker, Romancier, Erzähler, Essayist, Übersetzer; Werke z. B.: *Der Weltfreund* (1911), *Wir sind* (1913), *Einander* (1915), *Der Gerichtstag* (1919), *Juarez und Maximilian* (1925), *Paulus unter den Juden* (1926), *Das Reich Gottes in Böhmen* (1930), *Nicht der Mörder, der Ermordete ist schuldig* (1920), *Die Geschwister von Neapel* (1931), *Der veruntreute Himmel* (1939), *Eine blassblaue Frauenschrift* (1941), *Das Lied von Bernadette* (1941); epochengeschichtliche Einordnung: Expressionismus.

Lösungsvorschlag:
Gliederung des Aufsatzes

A. Einleitung: Dichter, Titel, gemeinsames Thema

B. Hauptteil: Interpretation
- I. *Abschied*
  1. Inhalt und Aussage
  2. Sprachliche und formale Mittel
  3. Epochen- und zeittypische Merkmale in der Darstellung des Motivs „Abschied"
- II. *Der Mensch ist stumm*
  1. Inhalt und Aussage
  2. Sprachliche und formale Mittel
  3. Epochen- und zeittypische Merkmale in der Darstellung des Motivs „Abschied"
- III. Zusammenfassende Betrachtung beider Gedichte

C. Schluss: Aktualitätsbetrachtung

Stichwortartige Ausarbeitung des Aufsatzes

A. Einleitung

Rainer Maria Rilke, ein Dichter des Impressionismus, und Franz Werfel, ein Dichter des Expressionismus, setzen sich in ihren Gedichten *Abschied* bzw. *Der Mensch ist stumm* mit dem Thema „Abschied" auseinander. Sie gestalten dieses Thema sowohl in inhaltlicher als auch in sprachlichformaler Hinsicht unterschiedlich.

B. Hauptteil: Interpretation

I. *Abschied*

1. Inhalt und Aussage

1. Strophe: Das lyrische Ich erinnert sich an den schmerzvollen Abschied von einem geliebten Menschen.

2. Strophe: Es drückt seine Wehrlosigkeit angesichts des Abschiedsschmerzes aus; die zurückbleibende Frau ruft dem lyrischen Ich noch nach, das lyrische Ich entfernt sich zunehmend.

3. Strophe: Das Abschiedswinken bezieht das lyrische Ich nicht mehr auf sich selbst. Es ist nicht mehr fähig dazu, es rational nachzuvollziehen, daher zieht es zum Vergleich und zur Erklärung eine Naturmetapher heran.

Aussage: Das lyrische Ich drückt seine Trauer über den schmerzvollen Abschied von der Geliebten aus. Dieser Abschied entzieht sich zunehmend dem rationalisierenden Bewusstsein und wird nur noch mit Hilfe von Vergleichen ausdrückbar.

2. Sprachliche und formale Mittel

Dem Thema „Abschied" und dem zunehmenden Zweifel an der Angemessenheit des poetischen Wortes wird eine formal regelmäßige Gestaltung in kontrastierender Weise gegenübergestellt.

- Metrum: fünfhebiger Jambus mit abwechselnd männlichen und weiblichen Kadenzen, drei Strophen zu jeweils vier Versen;
- Reimform: umschließender Reim (V. 1–4), Kreuzreim (V. 5–8), umschließender Reim (V. 9–12);
- Enjambements (vgl. z. B. V. 2–4, 6 f., 10 f.): Bewegung des Zeilensprungs als räumliche und innere Bewegung beim Abschiednehmen;
- Anapher und Alliteration (vgl. V. 1 f.): poetische Verstärkung der Erinnerung, um deutlich zu machen, wie aktuell die Abschiedsgefühle noch immer sind;

- Tempuswechsel (vgl. V. 1 f. und V. 4 ff.): Verdeutlichung des Kontrasts zwischen vergangenem Abschied und Intensität der andauernden Erinnerung;
- dunkle Vokale (vgl. V. 2 f.): Ausdruck des Schmerzes;
- Personifikation und negative Attribute (vgl. V. 1–4): Abschied als „Etwas" bezeichnet mit Vorsatz, das lyrische Ich zu quälen;
- Vergleich (vgl. V. 11 f.): Naturmetapher als Ersatz für den als ungenügend empfundenen Begriff „Abschied".

3. Epochen- und zeittypische Merkmale in der Darstellung des Motivs „Abschied"

- Das lyrische Ich drückt also über den Abschiedsschmerz hinaus die Empfindung aus, dass die verwendeten Begriffe dem eigentlichen Abschiedsphänomen nur unzureichend Rechnung tragen; eine allgemeine Sprachkrise wird angedeutet, vor allem in der Wendung, es habe gefühlt, *(...) was Abschied heißt* (V. 1).
- Zunehmendes Unvermögen des lyrischen Ichs, den Abschied verbal nachzuvollziehen (vgl. V. 9 ff), zeigt die Skepsis gegenüber dem Formelvorrat der Sprache; der Impressionismus ist von dem Zweifel daran geprägt, dass Vorgänge sich sprachlich zutreffend erfassen lassen. In Hofmannsthals berühmtem *Chandos-Brief* (1902) wird die Sprachkrise des Impressionismus formuliert: „Mit der Sprache lässt sich keine Beziehung zur Wirklichkeit mehr herstellen, das, was wirklich ist, lässt sich nicht sagen." Zusammen mit Stefan George und Hugo von Hofmannsthal stellt sich auch Rilke gegen die naturalistische Poetologie, wenn er, wie in seinem Gedicht *Ich fürchte mich so ...*, daran zweifelt, dass Wirklichkeit sprachlich überhaupt zutreffend darstellbar ist.

II. *Der Mensch ist stumm*

1. Inhalt und Aussage

1. Strophe: Das lyrische Ich nimmt von einer geliebten Person Abschied und bedient sich dabei bewusst alltäglicher Abschiedsfloskeln.

2. Strophe: Die Abschiedsszene wird als nur schwer erträglich empfunden, das lyrische Ich hofft, dass der Zug bald abfahren werde, und äußert sich nach wie vor mit alltäglichen Floskeln.

3. Strophe: Das lyrische Ich fürchtet die drohende Endgültigkeit des Abschieds. Dennoch wünscht es sich, der Abschiedssituation möglichst schnell zu entkommen.

4. Strophe: Nach dem Abschied muss das lyrische Ich weinen; auch in dieser emotionalen Äußerungen erkennt es nicht wirklich eine zutreffende Wiedergabe dessen, was es meint.

Aussage: Das Gedicht drückt in den beschriebenen Szenen und in dem viermal wiederholten Vers: *Der Mensch ist stumm* die Unfähigkeit des Menschen aus, seinen wahren Gedanken und Gefühlen einen zutreffenden verbalen oder nonverbalen Ausdruck zu geben.

2. **Sprachliche und formale Mittel**
   Die formale und sprachliche Gestaltung des Themas wird von einem einfachen Vers und Strophenbau bestimmt, der zuweilen eintönig wirkt:
   - Metrum: fünfhebiger (vgl. V. 1. 2, 5, 13, 15), sechshebiger (vgl. V. 3, 6, 7, 11), zweihebiger (vgl. V. 4, 8, 12, 16) und vierhebiger (vgl. V. 9, 10, 14) Jambus in vier Strophen zu jeweils vier Versen, wobei jeweils der vierte Vers einer Strophe in allen Strophen identisch ist;
   - Reimform: unvollständiger Kreuzreim mit weiblichen Kadenzen (vgl. V. 1–12), vollständiger Kreuzreim in V. 13–16 mit abwechselnd männlichen und weiblichen Kadenzen; Binnenreim in V. 15;
   - Zeilenstil, einfache Wortwahl, Synkope (Ausfall eines unbetonten Vokals im Wortinneren), z. B. *klammre* (V. 2) und Apokope (Auslassung von Endbuchstaben), z. B. *mahn* (V. 3), als Unterstreichung der Kommunikationslosigkeit/Stummheit;
   - Wiederholung: *Der Mensch ist stumm* (V. 4, 8, 12, 16) als nachdrückliche Unterstreichung der Unfähigkeit zum wahren Ausdruck;
   - unvollständige Sätze (vgl. V. 13), Ausrufe (vgl. V. 10 f.), Trias (vgl. V. 10): Ausdruck der Angst vor der Endgültigkeit des Abschieds;
   - Alliteration: z. B. *(...) würgt mich Weinen* (V. 13; und in V. 5, 6, 9) als poetische Steigerung des Schmerzes.

3. **Epochen- und zeittypische Merkmale in der Darstellung des Motivs „Abschied"**
   - Einfache formale Gestaltung entspricht nicht dem expressionistischen Bestreben, traditionelle Formen aufzubrechen; expressionistische Gefühlssprache noch in der Metapher *(...) würgt mich Weinen* (V. 13) vorhanden;
   - Verwandtschaft mit dem Expressionismus durch Zweifel an der traditionellen Bewertung von Kommunikation (Kommunikationsunfähigkeit);
   - deutlich subjektive Sicht des lyrischen Ichs in seiner Kritik an traditionellen Verhaltensmustern;
   - Stummheit des Menschen als Klage formuliert – pessimistischer Grundton des Gedichts stellt Verbindung zu expressionistischem

Lebensgefühl her (vgl. z. B. Georg Trakls *Verfall*, siehe S. 39; Alfred Lichtensteins *Abschied*, siehe S. 57).

III. Zusammenfassende Betrachtung beider Gedichte

- Rilke: Abschied als allgemeinmenschliche Krisensituation, Ansatz zur Überwindung des Sprachproblems in der poetischen Erfassung des Abschieds aus einer distanzierten Position;
- Werfel: konkretes, persönliches Erlebnis des Abschiednehmens, pessimistischer Grundton, Unfähigkeit zur Kommunikation, Lösung wird nicht angedeutet.

C. Schluss

Sprachkritik als Thema der modernen Literatur, vgl. z. B. Peter Handkes Erzählung *Wunschloses Unglück* (1972): Der Abschied von seiner durch Selbstmord aus dem Leben geschiedenen Mutter ist eine Bestandsaufnahme sprachlicher und sozialer Klischees. Handkes „Lösung" der Sprachkrise: „Ich vergleiche also den allgemeinen Formelvorrat für die Biographie eines Frauenlebens satzweise mit dem besonderen Leben meiner Mutter; aus den Übereinstimmungen und Widersprüchlichkeiten ergibt sich dann die eigentliche Schreibtätigkeit" (*Wunschloses Unglück*. Suhrkamp, Frankfurt/Main 1974, S. 45).

3. Literatur des 20. Jahrhunderts

Inhaltliche Merkmale

Einteilung z. B. nach politischer Situation in: Weimarer Zeit, Literatur des Exils und der inneren Emigration, Nachkriegsliteratur, Literatur in der DDR, Literatur in der BRD;
Reflexion der politischen Situation in der Literatur (z. B. äußere und innere Emigration, Umgang mit der Zeit des Nationalsozialismus);
Poetik des „Kahlschlags", „Trümmerliteratur";
literarische Neuorientierung durch die Gruppe 47 (Richter, Andersch, Bachmann, Böll, Celan, Grass u. a.);
Trennung von Politik und Literatur in den 50er Jahren;
Politisierung in den 60er Jahren;
„Neue Subjektivität" in den 70er und 80er Jahren

Hauptvertreter und Werke

Thomas Mann (1875–1955): *Buddenbrooks, Der Zauberberg*;
Alfred Döblin (1878–1957): *Berlin Alexanderplatz*;
Stefan Zweig (1881–1942): *Die Schachnovelle*;
Carl Zuckmayer (1896–1977): *Der Hauptmann von Köpenick*;
Bertolt Brecht (1898–1956): *Der gute Mensch von Sezuan, Galileo Galilei*;
Werner Bergengruen (1892–1964): *Der Großtyrann und das Gericht*;
Wolfgang Borchert (1921–1947): *Draußen vor der Tür*;
Paul Celan (1920–1970): *Mohn und Gedächtnis*;
Marie Luise Kaschnitz (1901–1974): Gedichte;
Ingeborg Bachmann (1926–1973): *Der gute Gott von Manhattan*;
Ernst Jandl (geb. 1925): Gedichte;
Hans Magnus Enzensberger (geb. 1929): Gedichte;
Günter Grass (geb. 1927): *Die Blechtrommel*;
Reiner Kunze (geb. 1933): *Die wunderbaren Jahre*

Formale Merkmale

Experimentieren mit allen literarischen Formen, Entwicklung neuer Formen (episches Theater), Verfremdungseffekt;
Kurzgeschichte als bedeutende Gattung nach dem Zweiten Weltkrieg;
Montagetechnik in Epik, Drama und Lyrik;
Groteske;
Konkrete Poesie;
Dokumentartheater;
Autobiografie;
Sciencefiction-Roman

3.1 Gottfried Benn
*Reisen**

Arbeitsaufgabe:
Erarbeiten Sie Inhalt und Aussage des Gedichtes. Beziehen Sie in Ihre Interpretation auch formale und sprachliche Mittel ein.

Gottfried Benn (1886–1956)
***Reisen* (1950)**

Meinen Sie, Zürich zum Beispiel
sei eine tiefere Stadt,
wo man Wunder und Weihen
immer als Inhalt hat?

Meinen Sie, aus Habana,
weiß und hibiskusrot,
bräche ein ewiges Manna
für Ihre Wüstennot?

Bahnhofstraßen und Rueen,
Boulevards, Lidos, Laan –
selbst auf den Fifth Avenueen
fällt Sie die Leere an –

Ach, vergeblich das Fahren!
Spät erst erfahren Sie sich:
bleiben und stille bewahren
das sich umgrenzende Ich.

Info

Gottfried Benn wird 1886 in Mansfeld geboren. Nach dem Studium der Medizin arbeitet er von 1912 an als Arzt in Berlin, im selben Jahr erscheint seine erste Gedichtsammlung *Morgue*, mit der er große Aufmerksamkeit besonders im expressionistisch orientierten Publikum erlangt. Am Ersten Weltkrieg nimmt er als Militärarzt teil. 1933 begrüßt er zunächst die Machtübernahme durch die Nationalsozialisten, erhält dann aber von 1938–1945 Schreibverbot. Bis zu seinem Tod im Jahre 1956 lebt er als Arzt und Schriftsteller in Berlin.

Lösungsvorschlag:
Gliederung des Aufsatzes

A. Einleitung: Benns expressionistische Lyrik, Thema des Gedichts

B. Hauptteil: Interpretation
- I. Inhalt und Aussage
  1. Inhalt
  2. Aussage

II. Formale und sprachliche Mittel

III. Zusammenfassung und C. Schluss

Stichwortartige Ausarbeitung des Aufsatzes

A. Einleitung

Die Dichtung nach dem Zweiten Weltkrieg lehnt eine gefühlsintensive Sprache, die als verlogen empfunden wird, rigoros ab. Die Gedichte Gottfried Benns verwirklichen diese Sprachauffassung, indem sie ihre Themen mit klarer und ausdrucksstarker Diktion formulieren. Die Frage nach dem Sinn des menschlichen Lebens, ein Thema vieler expressionistischer Gedichte, bestimmt auch Benns Gedicht *Reisen*, das zu seinem Alterswerk zählt.

B. Hauptteil: Interpretation

I. Inhalt und Aussage

1. Inhalt

Strophe 1 besteht aus der Frage an einen direkt Angesprochenen, ob Zürich eine Stadt sei, die nicht oberflächlich sei und etwas Außergewöhnliches zu bieten habe. Strophe 2 besteht aus der Frage, ob der Angesprochene meine, er könne von Habana die Aufhebung seiner Einsamkeit und seiner existenziellen Not erwarten. Strophe 3 drückt aus, dass die Einsamkeit den Angesprochenen auch auf viel bevölkerten Plätzen überkomme. In Strophe 4 wird die Vergeblichkeit des Reisens als Mittel der Selbstfindung offenbart. Ich-Erfahrung sei erst in der Ruhe und im Bleiben möglich.

2. Aussage

Der Theorie, dass Reisen ein Weg der Selbstfindung sei, wird widersprochen. Das Individuum findet sein wahres Ich nur im Bleiben und in der Stille.

II. Formale und sprachliche Mittel

Die verwendeten formalen und sprachlichen Mittel unterstützen die Aussage:

- dreihebige Verse, Daktylen und Trochäen, Wechsel von weiblichen und männlichen Kadenzen, Reimschema: Kreuzreim (Ausnahme: Strophe 1 mit abcb);
- Sprechhaltung: feierliche Sprache in der zweiten Strophe, nüchterne Alltagssprache in den anderen Strophen (Bezug zu Inhalt, Absicht, Wirkung s. unten);

- Metapher und Anspielung: *Manna* (V. 7) und *Wüstennot* (V. 8), religiöse Anspielung auf Exodus und Wüstenzug des Volkes Israel, steht für die metaphysische Antwort, die als sinngebend erwartet wird (vgl. den feierlichen Sprachton, der möglicherweise auch als ironische Brechung verstanden werden kann);
- Alliteration: *Wunder und Weihen* (V. 3), zusammengehörender Ausdruck als Hinweis auf die Besonderheit der Stadt, *Weihen* mit religiöser Implikation (vielleicht auch ironisch);
- Enjambement: vgl. V. 1 f., V. 3 f., V. 5 f., V. 7 f., V. 11 f., V. 15 f., in den ersten drei Strophen als Verstärkung des Aufzählungscharakters, in V. 15 f. als Betonung der Antwort auf die Sinnsuche;
- Anapher: V. 1 und V. 5, Parallelismus der rhetorischen Fragen in Strophe 1 und Strophe 2 als zwei Beispiele für die gescheiterte Suche;
- Wortspiel: *Fahren* (V. 13) und *erfahren* (V. 14), Verstärkung des Ausdrucks mit dem Hinweis, dass das Reisen als Mittel der Selbstfindung unternommen wird;
- Aufzählung: V. 9 f. und Kontrast: V. 12, bevölkerte Straßen, auf denen das Leben pulsiert und die dennoch nur Einsamkeit vermitteln;
- Ausruf: V. 13, Antwort auf die rhetorischen Fragen, emotionale Bewegung spürbar.

III. Zusammenfassung und C. Schluss

Gedicht zu einem fiktivem Zuhörer gesprochen, in Wirklichkeit als gedanklicher Monolog des nicht erwähnten lyrischen Ichs (Gedankenlyrik); Resignation schwingt im Ausdruck: *Spät erst erfahren Sie sich* (V. 14), doch eine gewisse Hoffnung drückt sich in dem sich findenden Individuum aus. Ein transzendenter Bezug wird abgelehnt. In Benns Gedicht *Nur zwei Dinge* wird die Situation des Individuums noch stärker zugespitzt: Es gibt nur zwei Dinge: *die Leere* (V. 12) / *und das umgrenzende Ich* (V. 16). Diese von den Erfahrungen zweier Kriege geprägte Aussage erweist ihre Modernität in ihrem tiefen Misstrauen gegenüber allumfassenden Sinnangeboten, seien sie politischer oder religiöser Natur. In Gottfried Benns Gedichten *Reisen* und *Nur zwei Dinge* wird das Individuum in existenzialistischer Denkweise mit seiner Verantwortung für sein Dasein und dessen Sinngebung auf sich selbst zurückgeworfen.

3.2 Bertolt Brecht
An die Nachgeborenen

Arbeitsaufgabe:
Erarbeiten Sie Inhalt und Aussage des Gedichtes. Bestimmen Sie in diesem Zusammenhang den Einsatz der poetischen Mittel. Entwickeln Sie eine Deutung des Gedichtes mit Bezugnahme auf die Lebensumstände des Dichters zur Zeit der Abfassung.

Info

Bertolt Brecht wird 1898 in Augsburg geboren. Erste schriftstellerische Versuche fallen schon in seine Schulzeit. Als Dramaturg bei Max Reinhardt sammelt er wichtige Theatererfahrung, daneben veröffentlicht er sozialkritische Gedichte (*Bertolt Brechts Hauspostille*, 1927). *Die Dreigroschenoper* (1928) wird zum Skandalstück der Weimarer Republik, weil sie die Zuschauer nicht unterhalten, sondern im Sinne des epischen Theaters aufrütteln will. Nach dem Beginn der faschistischen Diktatur in Deutschland verlässt Brecht Deutschland und ist mehrere Jahre in Österreich, Dänemark, Schweden, Finnland und der Sowjetunion unterwegs, bis er sich in Kalifornien niederlässt. Während des Exils entstehen seine bedeutendsten Stücke wie z. B. *Mutter Courage, Der gute Mensch von Sezuan* und *Leben des Galilei*. 1947 siedelt er nach Ost-Berlin über und inszeniert an seinem *Berliner Ensemble* Musteraufführungen seiner Werke, die ihn als Erneuerer des Theaters ausweisen. Brecht stirbt 1956 in Ost-Berlin.

Bertolt Brecht (1898–1956)
***An die Nachgeborenen* (1940)**

I
Wirklich, ich lebe in finsteren Zeiten!
Das arglose Wort ist töricht. Eine glatte Stirn
Deutet auf Unempfindlichkeit hin. Der Lachende
Hat die furchtbare Nachricht
Nur noch nicht empfangen.

Was sind das für Zeiten, wo
Ein Gespräch über Bäume fast ein Verbrechen ist
Weil es ein Schweigen über so viele Untaten einschließt!
Der dort ruhig über die Straße geht
Ist wohl nicht mehr erreichbar für seine Freunde
Die in Not sind?

Es ist wahr: ich verdiene noch meinen Unterhalt
Aber glaubt mir: das ist nur ein Zufall. Nichts
Von dem, was ich tue, berechtigt mich dazu, mich sattzuessen.
Zufällig bin ich verschont. (Wenn mein Glück aussetzt, bin ich verloren.)

Man sagt mir: Iß und trink du! Sei froh, daß du hast!
Aber wie kann ich essen und trinken, wenn
Ich dem Hungernden entreiße, was ich esse, und
Mein Glas Wasser einem Verdurstenden fehlt?
Und doch esse und trinke ich.

Ich wäre gerne auch weise.
In den alten Büchern steht, was weise ist:
Sich aus dem Streit der Welt halten und die kurze Zeit
Ohne Furcht verbringen
Auch ohne Gewalt auskommen
Böses mit Gutem vergelten

Seine Wünsche nicht erfüllen, sondern vergessen
Gilt für weise.
Alles das kann ich nicht:
Wirklich, ich lebe in finsteren Zeiten!

II
In die Städte kam ich zur Zeit der Unordnung
Als da Hunger herrschte.
Unter die Menschen kam ich zu der Zeit des Aufruhrs
Und ich empörte mich mit ihnen.
So verging meine Zeit
Die auf Erden mir gegeben war.

Mein Essen aß ich zwischen den Schlachten
Schlafen legte ich mich unter die Mörder
Der Liebe pflegte ich achtlos
Und die Natur sah ich ohne Geduld.
So verging meine Zeit
Die auf Erden mir gegeben war.

Die Straßen führten in den Sumpf zu meiner Zeit.
Die Sprache verriet mich dem Schlächter.
Ich vermochte nur wenig. Aber die Herrschenden
Saßen ohne mich sicherer, das hoffte ich.
So verging meine Zeit
Die auf Erden mir gegeben war.

Die Kräfte waren gering. Das Ziel
Lag in großer Ferne. Es war deutlich sichtbar, wenn auch für mich
Kaum zu erreichen.
So verging meine Zeit
Die auf Erden mir gegeben war.

III
Ihr, die ihr auftauchen werdet aus der Flut
In der wir untergegangen sind
Gedenkt
Wenn ihr von unseren Schwächen sprecht
Auch der finsteren Zeit
Der ihr entronnen seid.
Gingen wir doch, öfter als die Schuhe die Länder wechselnd
Durch die Kriege der Klassen, verzweifelt
Wenn da nur Unrecht war und keine Empörung.

Dabei wissen wir doch:
Auch der Haß gegen die Niedrigkeit
Verzerrt die Züge.
Auch der Zorn über das Unrecht
Macht die Stimme heiser. Ach, wir
Die wir den Boden bereiten wollten für Freundlichkeit
Konnten selber nicht freundlich sein.

Ihr aber, wenn es so weit sein wird
Daß der Mensch dem Menschen ein Helfer ist
Gedenkt unsrer
Mit Nachsicht.

Lösungsvorschlag:
Gliederung des Aufsatzes

A. Einleitung: Kurzinformation zu Brecht, Thema des Gedichtes

B. Hauptteil: Interpretation
   I. Inhalt und Aussage
   II. Poetische Mittel
   III. Lebensumstände des Dichters

C. Schluss: Bezug zu anderen Werken Brechts

Stichwortartige Ausarbeitung des Aufsatzes

A. Einleitung

Bertolt Brecht, geboren 1898 in Augsburg, einer der bedeutendsten deutschen Dichter dieses Jahrhunderts, muss 1933 Deutschland verlassen, kehrt erst 1947 nach Europa zurück; Exilerfahrungen als Hintergrund für das 1940 entstandene Gedicht *An die Nachgeborenen*.

B. Hauptteil: Interpretation

I. Inhalt und Aussage

Dreistrophiges Gedicht; erste Strophe mit Klage über negative Zeitumstände; Grund: Fröhlichkeit, Plauderei und Seelenruhe sind zu Ausdrucksformen der Ignoranz angesichts der Gewalt und des Leidens geworden; Betonung der Zufälligkeit des eigenen Glücks, verschont worden zu sein und weiterhin den Lebensunterhalt verdienen zu können; widersprüchliches Verhalten angesichts moralischer Skrupel, dennoch weiterhin zu essen und zu trinken; das lyrische Ich beklagt die Unmöglichkeit, ohne Gewalt und ohne Egoismus zu leben; zweite Strophe mit Beispielen aus der Vergangenheit: Teilnahme an Protesten, die Kampfsituation, in der das lyrische Ich weder für Liebe noch Natur empfänglich ist, die Ausweglosigkeit des eingeschlagenen Wegs, das Eingeständnis der eigenen Machtlosigkeit und die Hoffnung, im Kleinen etwas erreicht zu haben, schließlich die Spannung zwischen den geringen eigenen Kräften und dem weit entfernten Ziel; in vier refrainartigen Doppelversen wird das Verstreichen der Lebenszeit ausgedrückt; dritte Strophe spricht direkt die Nachgeborenen an; Appell, bei aller Kritik an den Vorfahren deren Exilsituation zu berücksichtigen und nachsichtig zu urteilen (= Aussage).

II. Poetische Mittel

Im Dienste dieser Aussage stehen die verwendeten poetischen Mittel:
- Form: reimlos, freie Rhythmen als Ausdruck der Unordnung;
- Tempuswahl: Präsens (erste Strophe), Bestandsaufnahme, Imperfekt (zweite Strophe) als Rückblick, Futur (dritte Strophe) als Hinweis auf zukünftige Generationen;
- zahlreiche Enjambements: z. B. V. 2–4, V. 6 f., als Zeichen für die Zerrüttung der Welt und des Subjekts;
- vier refrainartige Doppelverse: V. 35 f., V. 41 f., V. 47 f., V. 52 f., Empfindung eines unerfüllten Lebens;
- Vergleich: V. 60, Hinweis auf Fluchtsituation;
- direkte Ansprache des Lesers: V. 70, Appell;
- Ideologiesprache: *Kriege der Klassen* (V. 61), Hinweis auf marxistische Weltanschauung.

III. Lebensumstände des Dichters

Amerika als Aufenthaltsort Brechts und zahlreicher anderer Exildeutscher zur Zeit der Abfassung; mit *furchtbare Nachricht* (V. 4) und *Untaten* (V. 8) sind wohl Zweiter Weltkrieg und nationalsozialistische Terrorherrschaft gemeint; *Schlächter* (V. 44) als direkter Hinweis auf Hitler (vgl. die *Reden des Anstreichers* in *Schlechte Zeit für Lyrik*), der wiederum stellvertretend (metonymisch) für die NS-Herrschaft steht; im Rückblick der zweiten Strophe Beschreibung der innenpolitischen Zustände in Deutschland zur Zeit der Weltwirtschaftskrise (wirtschaftlicher Niedergang, innenpolitische Auseinandersetzungen, Aufstieg der NSDAP); in V. 45 f. Andeutung der Flucht aus Deutschland, zu der Brecht als Marxist gezwungen ist (vgl. auch Ideologiesprache in V. 70).

C. Schluss

Problem, wie der Mensch gut zu anderen Menschen sein kann (vgl. V. 71) als Problem, wie es auch im Drama *Der gute Mensch von Sezuan*, entstanden zur selben Zeit wie das Gedicht, zum Ausdruck kommt; Veränderung der Wirklichkeit im marxistischen Sinne als Voraussetzung für neue Ethik von Brecht intendiert; Problem, wie sich der Einzelne in einem autoritären Regime angesichts der mangelnden Durchsetzung der Wahrheit zu verhalten hat (vgl. V. 45 f.), wird in *Leben des Galilei* thematisiert.

3.3 Paul Celan
Todesfuge

Info

Paul Celan (eigentlich Paul Antschel) wird 1920 in Czernowitz geboren. Sein Medizin- und Romanistikstudium in Paris und Czernowitz wird durch die nationalsozialistische Gewaltherrschaft unterbrochen. Seine Eltern werden 1942 in ein Vernichtungslager deportiert, Paul Celan selbst wird nach Rumänien verschleppt. Nach dem Krieg nimmt er seinen Wohnsitz wieder in Paris und arbeitet von 1959 an als Lektor für deutsche Sprache. 1970 scheidet er durch Freitod aus dem Leben.

Arbeitsaufgabe:

Interpretieren Sie das folgende Gedicht, indem Sie besonders auf die sprachlichen Gestaltungsmittel und deren Wirkung auf Inhalt und Absicht des Gedichtes eingehen.

Paul Celan (1920–1970)
***Todesfuge* (1945)**

Schwarze Milch der Frühe wir trinken sie abends
wir trinken sie mittags und morgens wir trinken sie nachts
wir trinken und trinken
wir schaufeln ein Grab in den Lüften da liegt man nicht eng
Ein Mann wohnt im Haus der spielt mit den Schlangen der schreibt
der schreibt wenn es dunkelt nach Deutschland dein goldenes Haar Margarete
er schreibt es und tritt vor das Haus und es blitzen die Sterne er pfeift seine Rüden herbei
er pfeift seine Juden hervor lässt schaufeln ein Grab in der Erde
er befiehlt uns spielt auf nun zum Tanz

Schwarze Milch der Frühe wir trinken dich nachts
wir trinken dich morgens und mittags wir trinken dich abends
wir trinken und trinken
Ein Mann wohnt im Haus der spielt mit den Schlangen der schreibt
der schreibt wenn es dunkelt nach Deutschland dein goldenes Haar Margarete
Dein aschenes Haar Sulamith wir schaufeln ein Grab in den Lüften da liegt man nicht eng
Er ruft stecht tiefer ins Erdreich ihr einen ihr andern singet und spielt

er greift nach dem Eisen im Gurt er schwingts seine Augen sind blau
stecht tiefer die Spaten ihr einen ihr andern spielt weiter zum Tanz auf

Schwarze Milch der Frühe wir trinken dich nachts
wir trinken dich mittags und morgens wir trinken dich abends
wir trinken und trinken
ein Mann wohnt im Haus dein goldenes Haar Margarete
dein aschenes Haar Sulamith er spielt mit den Schlangen
Er ruft spielt süßer den Tod der Tod ist ein Meister aus Deutschland
er ruft streicht dunkler die Geigen dann steigt ihr als Rauch in die Luft
dann habt ihr ein Grab in den Wolken da liegt man nicht eng

Schwarze Milch der Frühe wir trinken dich nachts
wir trinken dich mittags der Tod ist ein Meister aus Deutschland
wir trinken dich abends und morgens wir trinken und trinken
der Tod ist ein Meister aus Deutschland sein Auge ist blau
er trifft dich mit bleierner Kugel er trifft dich genau
ein Mann wohnt im Haus dein goldenes Haar Margarete
er hetzt seine Rüden auf uns er schenkt uns ein Grab in der Luft
er spielt mit den Schlangen und träumet der Tod ist ein Meister aus Deutschland

dein goldenes Haar Margarete
dein aschenes Haar Sulamith

Lösungsvorschlag:
Gliederung des Aufsatzes

A. Einleitung: Vorstellung des Dichters, Thema des Gedichtes

B. Hauptteil: Interpretation
- I. Inhalt und Aussage
  1. Inhalt
  2. Aussage
- II. Gedanklicher Aufbau
- III. Formale und sprachliche Mittel
  1. Fuge als Kompositionsprinzip
  2. Metrik
  3. Wortwahl, Satzbau, sprachliche Mittel

C. Schluss: Bedeutung der Auseinandersetzung mit der Vergangenheit

Fuge: Die wesentlichen Bestandteile der Fuge sind Durchführungen und Zwischenspiele. Die Fuge beginnt einstimmig mit der Exposition des Themas (= Subjekt) in der Grundtonart. Anschließend bringt eine zweite Stimme das Thema in etwas abgewandelter Gestalt im Quintabstand, quasi als ‚Antwort', während die erste Stimme die Kontrapunktierung übernimmt (...). Der Begriff der Doppelfuge bezeichnet zwei verschiedene Fugentypen: der eine ist gekennzeichnet durch gleichzeitigen Vortrag zweier Themen von allem Anfang an – hier ist also das zweite Thema ein feststehender, obligater Kontrapunkt des ersten –, der andere ist im Grunde eine Kombination zweier Fugen. Beide Themen werden zunächst einzeln durchgeführt, um dann in der letzten Durchführung kontrapunktisch verschränkt zu werden. (Stephan, S. 55 f.)

Stichwortartige Ausarbeitung des Aufsatzes

A. Einleitung

Der Dichter Paul Celan hat die Schrecken der nationalsozialistischen Gewaltherrschaft selbst erfahren; seine Eltern wurden in ein Vernichtungslager deportiert, er selbst nach Rumänien verschleppt. Die Erfahrungen des Dichters spiegeln sich in vielen seiner Gedichte wider, in denen er eine Art von Vergangenheitsbewältigung unternimmt. Auch in seiner *Todesfuge*, geschrieben 1945, also im Jahr des Endes der Hitler-Diktatur, spürt man seinen Versuch, das Erlebte zu bewältigen.

B. Hauptteil: Interpretation

I. Inhalt und Aussage

1. Inhalt

Das Gedicht beginnt mit der Feststellung, dass die Menschen, die mit *wir* (V. 1) nicht näher bezeichnet werden, zu jeder Tageszeit die *schwarze Milch der Frühe* (V. 1 u. ö.) trinken. Außerdem sind sie dabei, ein Grab zu schaufeln, in dem viele beerdigt werden können. Von einem Mann, der offensichtlich der Aufseher der mit wir bezeichneten Menschen ist, wird dann gesagt, dass er in einem Haus wohne, mit Schlangen spiele und abends einen Brief nach Deutschland schreibe, wo eine Frau namens Margarete wohnt. Im nächsten Vers tritt dieser Mann vor das Haus, das offensichtlich nahe bei oder in dem Lager steht, in dem die Gefangenen leben, und pfeift seine Hunde herbei. Er pfeift auch nach den jüdischen Gefangenen, lässt sie ein Grab ausheben und zum Tanz aufspielen. Während die einen tief ins Erdreich stechen sollen, sollen die anderen singen und spielen. Mit Drohungen treibt er die Gefangenen zu schnellerem Graben und weiterem Musizieren an. Dann ruft er ihnen zu, dass der Tod aus Deutschland komme und dass sie bald verbrannt würden. Am Ende des Gedichtes wird diese Ankündigung offensichtlich in die Tat umgesetzt, denn es heißt, dass der Mann seine Hunde auf die Gefangenen hetzt, die Menschen durch Schüsse tötet und dass die Getöteten ihr *Grab in der Luft* (V. 33) finden.

2. Aussage

Gewalttätige und ins Zynische gehende Willkür des Aufsehers im Gegensatz zur Wehrlosigkeit und Verzweiflung der Gefangenen als Anklage von Inhumanität und Brutalität.

II. Gedanklicher Aufbau

Vier Wörter der Anfangszeile werden wiederholt (vgl. V. 1, V. 10, V. 19, V. 27), dadurch Verdeutlichung des strukturellen Rahmens; Thema *Schwarze Milch der Frühe* in vier Motive aufgeteilt: Deutschland-Motiv (V. 6, V. 14, V. 28, V. 30, V. 34), das Grab-Motiv (V. 4, V. 8, V. 15, V. 26), das Haar-Motiv (V. 6, V. 14 f., V. 22 f., V. 32, V. 35 f.), Tanz-Motiv (V. 9, V. 18); Deutschland als Land, aus dem der Tod kommt (vgl. V .24, V. 28, V. 30, V. 34); blaue Augen des Todes (vgl. V. 30) und blaue Augen des Aufsehers (vgl. V. 17) als Hinweis auf Identität beider, im Zusammenhang mit dem goldenen Haar Margaretes auch Anspielung auf das nationalsozialistische Schönheitsideal; Grabmotiv als Hinweis auf Verbrennung (von Gefangenen möglicherweise als Befreiung von ihrer Qual empfunden, daher die Vorstellung von Weite in V. 4: *da liegt man nicht eng*), der Aufseher verlangt dagegen ein Grab in der Erde (vgl. V. 8); Widersprüchlichkeit im Tanzmotiv: Tanz als Ausdruck der Lebensfreude/ Tanz in den Tod (vgl. V. 24); Verbindung von Musik und Tod schon im Titel *Todesfuge* erkennbar.

III. Formale und sprachliche Mittel

1. Fuge als Kompositionsprinzip

Kompositionsprinzip der Doppelfuge (Erklärung s. Randleiste S. 77). Aufbau des Gedichtes:

Thema 1:	*Schwarze Milch der Frühe* (V. 1)
Kontrapunkt:	*wir trinken sie abends* (V. 1) *wir trinken sie mittags und morgens wir trinken sie nachts* (V. 2) *wir trinken und trinken* (V. 3)
Fortführung:	*wir schaufeln ein Grab in den Lüften da liegt man nicht eng* (V. 4)
Thema 2:	*Ein Mann wohnt im Haus* (V. 5)
Kontrapunkt:	*der spielt mit den Schlangen der schreibt* (V. 5) *der schreibt wenn es dunkelt nach Deutschland dein goldenes Haar Margarete* (V. 6) *er schreibt es und tritt vor das Haus und es blitzen die Sterne* (V. 7)
Fortführung:	*er pfeift seine Rüden herbei* (V. 7) *er pfeift seine Juden hervor und lässt schaufeln ein Grab in der Erde* (V. 8) *er befiehlt uns spielt auf nun zum Tanz* (V. 9)

Durchführung beider Themen, Annäherung der Gefangenen und des Aufsehers, in V. 35 f. direkte Konfrontation beider Gruppen bzw. beider Themen.

2. **Metrik**
   Trochäen und Daktylen bestimmen das metrische Schema, z. B. V. 1–3:
   – ∪ | – ∪ | – ∪ || ∪ | – ∪ ∪ | – ∪
   – | – ∪ ∪ | – ∪ ∪ | – ∪ || ∪ | – ∪ ∪ | –
   ∪ | – ∪ ∪ | – ∪
   Die Zäsur in den Versen 1 und 2 teilt diese in zwei deutliche Hälften, wobei sie z. B. in V. 1 und V. 2 mitten im Daktylus steht, sodass der natürliche Sprachrhythmus nicht dem metrischen Schema entspricht; Hinweis auf die Zerrissenheit und die Störung der Normalität, die sich im Inhalt zeigt.

3. **Wortwahl, Satzbau, sprachliche Mittel**
   Es lassen sich die folgenden poetischen Gestaltungsmittel feststellen:
   - überwiegender Gebrauch von Substantiven bewirkt Eindruck von Kälte;
   - Wiederholungen: z. B. *wir*, *schwarze Milch der Frühe*, Steigerung der Einprägsamkeit;
   - Satzreihen: Steigerung der Einprägsamkeit durch Aneinanderreihung kurzer Hauptsätze;
   - Oxymoron: *schwarze Milch der Frühe* (V. 1 u. ö.), Konzentration des dem Gedicht innewohnenden Widerspruchs in einem Symbol; schwarz als Farbe des Todes mit deutlichem Hinweis auf den Titel, Milch als lebenspendendes Getränk (z. B. als Muttermilch);
   - Paradoxon als typisches Stilmittel: auf der einen Seite stehen die dem Leben zugeordneten Metaphern (die aber den Tod bringen!): *goldenes Haar* (z. B. V. 6), *blau* (z. B. V. 17), *Milch* (z. B. V. 1), *Margarete* (z. B. V. 6), *Grab in den Lüften* (z. B. V. 4) als Freiheitsgedanke; auf der anderen Seite die dem Tod zugeordneten Metaphern: *Grab in der Erde* (V. 8), *schwarze* (z. B. V. 1), *aschenes Haar* (z. B. V. 36). Gegensätzlichkeit zwischen dem herrschenden System und den gequälten Opfern wird in den Schlussversen V. 35 f. auf die Namen *Margarete* und *Sulamith* konzentriert;
   - Anapher: z. B. V. 2–4, gefühlsverstärkende Wiederholungen am Versanfang;
   - Epipher: V. 15 und V. 26, gefühlsverstärkende Wiederholungen am Versende;
   - Anadiplose: z. B. V. 5 f., gefühlsverstärkende Wirkung durch Wiederholung des Versendes am Anfang des nächsten Verses;

- fehlende Satzzeichen vielleicht als Ausdruck der Hilflosigkeit der Gefangenen zu deuten; evtl. auch als Hinweis, dass angesichts der Grausamkeit des Beschriebenen keine Zeit für Satzzeichen bleibt.

C. Schluss

Betroffenheit des Lesers als mögliche Wirkung des Gedichtes; Appell, sich mit der Vergangenheit auseinander zu setzen, heute nach wie vor aktuell; die Auseinandersetzungen im Zusammenhang mit der Rede Martin Walsers zur Verleihung des Friedenspreises im Jahre 1998 haben gezeigt, dass Betroffenheit und kritische Diskussion den Umgang mit der deutschen Vergangenheit bestimmen.

3.4 Ingeborg Bachmann
Die gestundene Zeit

Arbeitsaufgabe:

Erarbeiten Sie den gedanklichen Aufbau des Gedichtes und entwickeln Sie seine Aussage unter Berücksichtigung der verwendeten poetischen Mittel.

Ingeborg Bachmann (1926–1973)
***Die gestundete Zeit* (1953)**

Es kommen härtere Tage.
Die auf Widerruf gestundete Zeit
wird sichtbar am Horizont.
Bald musst du den Schuh schnüren
und die Hunde zurückjagen in die Marschhöfe.
Denn die Eingeweide der Fische
sind kalt geworden im Wind.
Ärmlich brennt das Licht der Lupinen.
Dein Blick spurt im Nebel:
die auf Widerruf gestundete Zeit
wird sichtbar am Horizont.

Drüben versinkt dir die Geliebte im Sand,
er steigt um ihr wehendes Haar,
er fällt ihr ins Wort,
er befiehlt ihr zu schweigen,
er findet sie sterblich
und willig dem Abschied

Info

Im Jahre 1926 in Klagenfurt geboren, studiert Ingeborg Bachmann Jura und Philosophie in Graz, Innsbruck und Wien. Nach einer kurzen Tätigkeit als Redakteurin lebt sie dann als freie Schriftstellerin in Wien, Rom, München und Zürich. Sie stirbt 1973 in Rom. Die Gefühle von Angst und Einsamkeit sind motivische Konstanten ihrer Dichtung. Ihre bekanntesten Werke sind das Hörspiel *Der gute Gott von Manhattan* (1958) und die Erzählbände *Das dreißigste Jahr* (1961) und *Malina* (1971).

nach jeder Umarmung.
Sieh dich nicht um.
Schnür deinen Schuh.
Jag die Hunde zurück.
Wirf die Fische ins Meer.
Lösch die Lupinen!

Es kommen härtere Tage.

Lösungsvorschlag: Gliederung des Aufsatzes

A. Einleitung: Ingeborg Bachmann und ihre Lyrik

B. Hauptteil: Interpretation
- I. Gedanklicher Aufbau
- II. Sprachliche Mittel

C. Schluss: Aktualität ihres Gedichtes

Stichwortartige Ausarbeitung des Aufsatzes

A. Einleitung

Die Themen der Lyrik Ingeborg Bachmanns sind die Verzweiflung und die Angst des Individuums und seine Entgrenzungsversuche. Auch in dem vorliegenden Gedicht *Die gestundete Zeit* begegnen wir diesen Motiven.

B. Hauptteil: Interpretation

I. Gedanklicher Aufbau

Gedicht besteht aus vier Strophen, wobei die letzte Strophe nur einen einzigen Vers umfasst.

1. Strophe: Ankündigung von Veränderungen durch die ins Bewusstsein gerückte Zeit; Zeichen der Veränderung sind die kalt gewordenen Fischeingeweide und verwelkende Lupinen. Aufbruchsankündigung: Schuhe schnüren, Hunde zurückjagen; der Angesprochene suche mit den Augen bereits seinen neuen Weg.

2. Strophe: Geliebte versinkt im Sand; mehrmalige Abschiedsumarmungen.

3. Strophe: Aufforderung sich nicht umzusehen, Schuhe zu binden, die Hunde zurückzujagen, die Fische ins Meer zu werfen und das Licht der Lupinen zu löschen.

4. Strophe: Ankündigung, dass härtere Zeiten kommen werden.

Aussage: Identifizierungsversuch des Lesers mit dem lyrischen Ich (Anrede *du*), Aufbruch in eine neue Lebensphase mit Abschied vom Gewohnten und neuartigen Anforderungen an das Individuum; eventuell auch Abschied von einer Liebesbeziehung, da ausdrücklich *Geliebte* (V. 12) erwähnt wird; während des Liebesverhältnisses scheint das Zeitgefühl verloren gegangen zu sein, die Zeit scheint stehen geblieben zu sein, nun macht sich die Zeit wieder bemerkbar. Aufforderung, sich auf das Leben ohne den Partner einzustellen.

II. Sprachliche Mittel

Es lassen sich die folgenden sprachlichen Gestaltungsmittel feststellen:

- Metrum: freie Rhythmen, optisch gegliederte Prosa;
- Sprache: einfache Alltagssprache, *Marschhöfe* (V. 5), *Fische* (V. 6), *Sand* (V. 12) deuten auf Strandsituation hin;
- Wiederholung: V. 1/V. 24 und V. 2 f./V. 10 f., besondere Betonung der Ankündigung und der Begründung des Aufbruchs durch das Hereinbrechen der scheinbar angehaltenen Zeit;
- aussagestarke Verben: z. B. *versinkt* (V. 12), *steigt* (V. 13), *sterblich* (V. 16), Veranschaulichung der Lage der Geliebten;
- Imperative in der dritten Strophe als deutliche Aufforderung;
- Metaphern: *Schuh schnüren* (V. 4) als Aufbruch, kalt gewordene Eingeweide (vgl. V. 6 f.) und schwaches *Licht der Lupinen* (V. 8) als Lebensverlust, der spurende Blick (vgl. V. 9) als Neuorientierung, *Sand* (V. 12) evtl. als Symbol für vergehende Zeit zu verstehen, Bild der versinkenden Geliebten (vgl. V. 12 f.) als vergangene Zeit;
- Anspielung: V. 19, biblischer Bezug (Lots Frau erstarrt beim Sich-Umsehen zur Salzsäule) als Warnung vor einer Orientierung an der Vergangenheit.

C. Schluss

Lyrisches Ich muss sich neuen Weg ohne fremde Hilfe suchen; dies könnte als Metapher für den Menschen des 20. Jahrhunderts stehen, der sich nach den Vorstellungen der Existenzphilosophie (Heidegger und Sartre) ständig aufs Neue aktiv entscheiden muss und der bei seinen Entscheidungen keiner Religion vertrauen darf. Bachmann, die ihre Dissertation bei Heidegger geschrieben hat, scheint diese existenzialistische Vorstellung in ihrem Gedicht in einem modernen Menschenbild zu gestalten.

3.5 Günter Grass
*Kinderlied**

Günter Grass
Der Dichter wird am 16. 10. 1927 in Danzig geboren. Nach der Teilnahme am Zweiten Weltkrieg, nach Verwundung und Kriegsgefangenschaft lässt er sich zum Steinmetz ausbilden und studiert später Bildhauerei und Grafik. Mitglied der Gruppe 47. Seit 1961 engagiert er sich politisch für die SPD, er lebt seit 1987 in Behlendorf bei Mölln. Grass publiziert seit 1955 in allen literarischen Gattungen. Seine bekanntesten Werke sind *Die Blechtrommel* (1959), *Katz und Maus* (1961), *Hundejahre* (1963), *Der Butt* (1977), *Die Rättin* (1986), *Im Krebsgang* (2002). Daneben hat er zahlreiche Hörspiele und Gedichte verfasst. 1999 erhält er den Nobelpreis für Literatur.

Arbeitsaufgabe:

Interpretieren Sie das folgende Gedicht unter Berücksichtigung der Wirkungsweise von sprachlicher und formaler Gestaltung.

Günter Grass (geb. 1927)
***Kinderlied* (1971)**

Wer lacht hier, hat gelacht?
Hier hat sich 's ausgelacht.
Wer hier lacht, macht Verdacht,
daß er aus Gründen lacht.

Wer weint hier, hat geweint?
Hier wird nicht mehr geweint.
Wer hier weint, der auch meint,
daß er aus Gründen weint.

Wer spricht hier, spricht und schweigt?
Wer schweigt, wird angezeigt.
Wer hier spricht, hat verschwiegen,
wo seine Gründe liegen.

Wer spielt hier, spielt im Sand?
Wer spielt, muß an die Wand,
hat sich beim Spiel die Hand
gründlich verspielt, verbrannt.

Wer stirbt hier, ist gestorben?
Wer stirbt, ist abgeworben.
Wer hier stirbt, unverdorben
ist ohne Grund verstorben.

Lösungsvorschlag:
Gliederung des Aufsatzes

A. Einleitung: Grass und seine Dichtung, Thema des Gedichts

B. Hauptteil: Interpretation

I. Inhalt, Aufbau, Aussage
   1. Inhalt
   2. Aufbau
   3. Aussage

II. Sprachliche und formale Mittel

C. Schluss: Abschließende Beurteilung

Stichwortartige Ausarbeitung des Aufsatzes

A. Einleitung

Grass beschäftigt sich in seinem Werk, z. B. in der *Blechtrommel*, mit der – auch politischen – Wirklichkeit aus der Perspektive eines Kindes; in seinem Gedicht *Kinderlied* wählt er dieselbe Perspektive, um sich mit dem menschlichen Dasein auseinanderzusetzen.

B. Hauptteil: Interpretation

I. Inhalt, Aufbau und Aussage

1. Inhalt

In den ersten beiden Strophen werden Lachen und Weinen untersagt, da derjenige, der lacht oder weint, Gründe für diese Verhaltensweisen habe. Auch das Sprechen und das Schweigen werden sanktioniert, da sich dahinter gleichfalls Gründe vermuten lassen. Das Spielen wird mit der Todesstrafe geahndet. In der letzten Strophe wird von demjenigen, der *unverdorben* stirbt, gesagt, er sei grundlos gestorben.

2. Aufbau

Fünf Strophen zu jeweils vier Versen, wobei jede Strophe thematisch abgeschlossen ist; Lachen, Weinen und Spielen als emotionale Äußerungen, Sprechen als rationale Äußerungen; vier Handlungsweisen, die Kindern zueigen sind (Titel!); Kontrast dazu in der vorletzten Strophe: *Wer spielt, muß an die Wand* (V. 14) und in der letzten Strophe: Tod.

3. Aussage

Pervertierung natürlicher Handlungsweisen durch Misstrauen; Schlüsselverse in V. 19 f.: *Wer hier stirbt, unverdorben / ist ohne Grund verstorben*. Gedicht will Absurdität der Situation sichtbar machen; Verlust kindlichen Urvertrauens angesichts einer Erwachsenenwelt, die natürliche Handlungsweisen in ihr Gegenteil verkehrt oder mit einem Verdikt belegt.

II. Sprachliche und formale Mittel

Es lassen sich die folgenden sprachlichen Mittel feststellen:

- Endreim, nur in der dritten Strophe Paarreim, dreihebiger Jambus, Wortwiederholungen, formelhafte Sätze: einprägsame, formelhafte Sprache als Ausdruck der Autorität;
- Kinderlied: Einfachheit des Ausdrucks, Hinweis auf kindliches Urvertrauen als Kontrast zu der Aussage des Gedichtes; Kinderreim und seine formelhafte Kürze als Stilmittel, um komplizierte und problematische Zusammenhänge zu veranschaulichen; dadurch Zuspitzung/Verschärfung der Aussage über die Absurdität menschlichen Daseins;
- Anapher: z. B. V. 1, V. 3, V. 9 u. ö., Betonung durch Wiederholung von *wer,* jeder Mensch wird angesprochen;
- Epipher: z. B. V. 1 f., Betonung durch Wiederholung der Handlungsweise, dadurch besondere Einprägsamkeit, auch Mittel des einfachen Kinderreimes;
- Parallelismen und Wortwiederholungen: z. B. *geweint* (V. 5 f.), Betonung durch Wiederholung der Handlungsweise, dadurch besondere Einprägsamkeit, auch Mittel des einfachen Kinderreimes;
- Klimax (vom Lachen über Weinen, Sprechen, Spielen zum Sterben): Darstellung der Absurdität an verschiedenartigen Handlungen – Sterben als folgenreichste „Aktion".

C. Schluss

Pessimismus ist die Grundstimmung des Gedichts, es ist kein aufbauendes, ermunterndes Gedicht. Der Realitätsbezug kommt aufgrund der Radikalität und der Zuspitzung des Kontrastes nicht deutlich heraus. Die Intention des Gedichtes ist vielleicht so zu deuten, dass es Mut für ein vertrauensvolles Miteinander machen will: In einer Welt, die Kinder bzw. natürliche Handlungsweisen nicht duldet, kann man nicht gut oder überhaupt nicht (vgl. letzte Strophe) leben.

3.6 Hans Magnus Enzensberger
Bildzeitung

Arbeitsaufgabe:

Erarbeiten Sie eine Inhaltsangabe. Untersuchen Sie die verwendeten sprachlichen und formalen Mittel, die die Aussage unterstützen.

Hans Magnus Enzensberger (geb. 1929)
***Bildzeitung* (1957)**

Du wirst reich sein
Markenstecher Uhrenkleber:
wenn der Mittelstürmer will
wird um eine Mark geköpft
ein ganzes Heer beschmutzter Prinzen
Turandots Mitgift unfehlbarer Tip
Tischlein deck dich:
du wirst reich sein.

Manitypistin Stenoküre
du wirst schön sein:
wenn der Produzent will
wird dich Druckerschwärze salben
zwischen Schenkeln grober Raster
mißgewählter Wechselbalg
Eselin streck dich:
du wirst schön sein.

Sozialvieh Stimmenpartner
du wirst stark sein:
wenn der Präsident will
Boxhandschuh am Innenlenker
Blitzlicht auf das Henkerlächeln
gib doch Zunder gib doch Gas
Knüppel aus dem Sack:
du wirst stark sein.

Auch du auch du auch du
wirst langsam eingehn
an Lohnstreifen und Lügen
reich, stark erniedrigt
durch Musterungen und Malzkaffee,
schön besudelt mit Strafzetteln,
Schweiß,
atomarem Dreck:

deine Lungen ein gelbes Riff
aus Nikotin und Verleumdung
Möge die Erde dir leicht sein
wie das Leichentuch

Info

Enzensberger wird 1929 in Kaufbeuren/Allgäu geboren. Er studiert Germanistik, Literaturwissenschaft, Philosophie und Sprachen und arbeitet als Redakteur. Bekannt wird Enzensberger vor allem durch seine zeitkritische Lyrik. Werke: *Der Untergang der Titanic* (1978), *Zukunftsmusik* (1991). Von 1965 bis 1975 gibt er das *Kursbuch* heraus.

aus Rotation und Betrug
das du dir täglich kaufst
in das du dich täglich wickelst.

Lösungsvorschlag:
Gliederung des Aufsatzes

A. Einleitung: Vorstellung Enzensbergers, Thema des Gedichts

B. Hauptteil: Interpretation
- I. Inhalt und Aussage
  1. Inhalt
  2. Aussage

- II. Sprachliche Mittel

C. Schluss: Aktualitätsbezug

Stichwortartige Ausarbeitung des Aufsatzes

A. Einleitung

Der 1929 geborene Dichter Hans Magnus Enzensberger gehört mit Heinrich Böll, Günter Grass und Wolf Biermann zu den Autoren, die die gesellschaftliche Wirklichkeit in der Bundesrepublik Deutschland mit ihrem Werk kritisch begleiten. Auch in dem vorliegenden Gedicht *Bildzeitung* geht es um die Aufdeckung gesellschaftlicher Missstände; Enzensberger benutzt die Boulevardzeitung *Bild*, um den Einfluss von Massenmedien auf das Leben des Einzelnen darzustellen.

B. Hauptteil: Interpretation

I. Inhalt und Aussage

1. Inhalt

In vier Strophen, wobei die ersten drei Strophen thematisch eine Einheit bilden, wird das Thema des Gedichtes entfaltet:

1. Strophe: Dem Leser, der mit *du* und der neologistischen Umstellung *Markenstecher Uhrenkleber* (V. 2) angesprochen wird, wird Reichtum versprochen, wenn er den richtigen Tipp in der wöchentlichen Toto-Auslosung abgibt. Wie dem Jüngling im Märchen, der mit dem *Tischlein deck dich* Reichtum erwirbt, so könnte es auch dem Leser bei einem richtigen Tipp gehen. Stimmt der Tipp nicht, so verliert er seinen Einsatz. Assoziativ wird der Vergleich mit dem chinesischen Märchen von der Prinzessin Turandot hergestellt, die jeden Prinzen, der sich um ihre Hand bewirbt, köpfen lässt, wenn er ihre Frage nicht beantworten kann.

2. Strophe: Stellvertretend für den Leser wird die Stenotypistin angesprochen, der Schönheit versprochen wird, wenn es auch im Sinne des Produzenten ist. Der schöne Körper wird durch die Publikation, aber auch in sogenannten Misswahlen vermarktet, wobei sexuelle Aspekte eine Rolle spielen. Mit der Bezeichnung *Eselin* (V. 15) wird die Frau, die an solchen Wettbewerben teilnimmt, negativ bewertet, weil sie dem Versprechen, sie werde schön sein, glaubt.

3. Strophe: Hier wird der Leser als Sozialpartner und Stimmvieh angesprochen, was die politische Dimension der Strophe verdeutlicht. Der Präsident entscheidet über die Macht des Lesers. Insignien der Macht sind der Boxhandschuh, das schnelle Auto und die Bekanntheit in den Medien *(Blitzlicht auf das Henkerlächeln,* V. 21). Mit dem Ausdruck *Henkerlächeln* (V. 21) wird auf den Zynismus der Herrschenden verwiesen.

4. Strophe: Die letzte Strophe setzt den Versprechungen, die bereits in den ersten drei Strophen assoziativ relativiert worden sind, den direkten Widerspruch entgegen: Der Leser werde langsam zugrunde gehen, er werde bis dahin nur viele Lohnstreifen und falsche Versprechungen bekommen haben, die staatliche Macht werde ihn erniedrigt haben, Arbeit, Zigaretten und Verleumdungen werden seine Gesundheit angegriffen haben. In den letzten vier Versen wird klar gemacht, dass der Kauf und die Lektüre der *Bildzeitung* den intellektuellen Tod des Lesers zur Folge haben.

2. Aussage

Die *Bildzeitung* steht als Beispiel für Massenmedien, die dem Leser eine falsche Wirklichkeit vormachen. Die Menschen, die sich täglich diese Zeitung kaufen, glauben den darin gemachten Versprechungen; insofern sind sie selbst schuld daran, dass sie manipuliert werden und der Willkür der Herrschenden ausgesetzt sind. In einem konkreten Sinn weist das Gedicht auch auf die besondere Rolle hin, die die Springer-Presse mit ihrem Produkt in der Zeit des Kalten Kriegs gehabt hat.

II. Sprachliche Mittel

Es lassen sich die folgenden poetischen Gestaltungsmittel feststellen:

- 4 Strophen zu 8, 8, 8 und 15 Versen; Trochäus fast durchgehend als Versmaß in den ersten drei Strophen, in der vierten Strophe Wechsel von Jambus, Daktylus, Trochäus und Anapäst: Zusammengehörigkeit der drei Achtzeiler, die allesamt Versprechungen enthalten; in der letzten Strophe wird dagegen die realistische Zukunftsperspektive offenbart;
- paralleler Aufbau der ersten drei Strophen, Wiederholungen (V. 1 in V. 8, V. 10 in V. 16, V. 18 in V. 24); dadurch Erhöhung der Merkbarkeit, Anklänge an Werbung, Wiederholung als Mittel der Beeinflussung;
- Montage: Zitate aus Grimms Märchen: *Tischlein deck dich* (V. 7), *Eselin streck dich* (V. 15), *Knüppel aus dem Sack* (V. 23) in Verbindung mit den Versprechungen: *du wirst reich sein* (V. 8), *du wirst schön sein* (V. 16), *du wirst stark sein* (V. 23). Diese Versprechungen erweisen sich als märchenhaft und irreal. Weiteres Beispiel für Montage: *Markenstecher Uhrenkleber* (V. 2, aus: Markenkleber, Stechuhr), *Manitypistin Stenoküre* (V. 9, aus: Stenotypistin, Maniküre), *Sozialvieh Stimmenpartner* (V. 17, aus: Sozialpartner, Stimm(en)vieh), ungewohnte neue Zusammensetzungen aus Bestandteilen täglich gelesener Wörter beanspruchen Aufmerksamkeit und regen den Leser zum Nachdenken an.
- Alliteration: z. B. *Sozialvieh* und *Stimmenpartner* (V. 17), *Boxhandschuh* (V. 20) und *Blitzlicht* (V. 21) *Lohnstreifen* und *Lügen* (V. 27), eingängige Begriffe, Anklänge an die Werbesprache;
- Emphase: *Auch du auch du auch du* (V. 25), Verstärkung der Anrede;
- Metapher: *(...) ein gelbes Riff / aus Nikotin und Verleumdung* (V. 33 f.), eindrückliches Bild der körperlichen und geistigen Vergiftung;
- Metapher/Oxymoron: *wird dich Druckerschwärze salben* (V. 12), Salbung als religiöses Zeichen, das dem Gesalbten besondere Kraft und göttliche Gnade zuteil werden lässt; Salböl ist geweihtes Öl, Druckerschwärze dagegen als negativ besetzter Begriff, der mit herkömmlichem Salböl nichts zu tun hat; Verweis auf die Bedeutung der Zeitung, die Einfluss auf die gesellschaftliche Anerkennung eines Menschen hat, von ihr ist es abhängig, ob dem Menschen „gesellschaftliche Gnade" zuteil wird;
- Vergleiche: *deine Lungen ein gelbes Riff* (V. 33), *wie das Leichentuch* (V. 36), besonders eindringliche Darstellungen der Wirkung der Propaganda;
- Ellipse: vgl. V. 6, V. 13, V. 33 f., Verknappung des Satzes, dadurch Konzentration auf den Inhalt; Erhöhung der Eindringlichkeit der Aussage;
- Asyndeton: vgl. V. 5–8, V. 14–16, V. 20–24, schnelle Aneinanderreihung als Anklang an die Werbesprache, Sinngebung durch Assoziation;

- Apokoinu: vgl. V. 2–4, V. 10–12; V. 3 und V. 11 gehören jeweils zu V. 2 und 4 bzw. V. 10 und 13, dadurch Veränderung des Sinns, z. B. V. 10–12: Wenn der Produzent es will, wird die Leserin schön sein; wenn er es will, wird sie *Druckerschärze salben* (V. 12), d. h., ihr Körper wird in der Bildzeitung veröffentlicht;
- Übereinstimmung von Satz- und Strophenende als formales Zeichen für das Ende eines Gesichtspunkts.

C. Schluss

Das Ende des Gedichtes stimmt wenig optimistisch; es kann allerdings als Warnung einen Gedankenanstoß bewirken. Ob damit die Menschen, die tatsächlich Konsumenten der *Bildzeitung* sind, angesprochen werden, bleibt zu bezweifeln. Im Jahre 1974 setzt sich Heinrich Böll mit dem Phänomen der Massenmedien in seiner Erzählung *Die verlorene Ehre der Katharina Blum* auseinander. Böll zeigt, welchen vernichtenden Einfluss Boulevardblätter auf das Leben von Menschen haben können. Dieses Problem ist in einer Zeit, in der über das Internet potenziell alle Computernutzer auf der ganzen Welt angesprochen und entsprechend beeinflusst werden können, nach wie vor aktuell. Insofern muss Enzensbergers Warnung ernst genommen werden.

3.7 Marie Luise Kaschnitz *Nicht gesagt*

Arbeitsaufgabe:

Erarbeiten Sie Inhalt und Aussage des folgenden Gedichtes und untersuchen Sie dabei die sprachliche und formale Gestaltung.

Marie Luise Kaschnitz (1901–1974)
***Nicht gesagt* (1965)**

Nicht gesagt
Was von der Sonne zu sagen gewesen wäre
Und vom Blitz nicht das einzig richtige
Geschweige denn von der Liebe.

Versuche. Gesuche. Mißlungen
Ungenaue Beschreibung

Weggelassen das Morgenrot
Nicht gesprochen vom Sämann
Und nur am Rande vermerkt
Den Hahnenfuß und das Veilchen.

Info

Marie Luise Kaschnitz wird 1901 in Karlsruhe geboren. Nach der Ausbildung zur Buchhändlerin hält sie sich mehrere Jahre in Rom, Königsberg, Marburg und Frankfurt auf. Seit 1930 veröffentlicht sie Erzählungen, Romane und vor allem Gedichte, z. B. *Zukunftsmusik* (1950), *Ewige Stadt. Rom-Gedichte* (1952). Sie erhält zahlreiche Auszeichnungen, unter anderem den Georg-Büchner- Preis. In Rom stirbt sie 1974.

Euch nicht den Rücken gestärkt
Mit ewiger Seligkeit
Den Verfall nicht geleugnet
Und nicht die Verzweiflung

Den Teufel nicht an die Wand
Weil ich nicht an ihn glaube
Gott nicht gelobt
Aber wer bin ich daß

Lösungsvorschlag:
Gliederung des Aufsatzes

A. Einleitung: Eichendorff und Kaschnitz mit gemeinsamem Thema

B. Hauptteil: Interpretation
- I. Inhalt
- II. Aussage
- III. Formale und sprachliche Gestaltung

C. Schluss: Persönliche Bewertung des Gedichtes

Stichwortartige Ausarbeitung des Aufsatzes

A. Einleitung

In seinem Sonett *Der Dichter* (siehe Teilband 1, Mittelalter bis Romantik, S. 108) setzt sich in der Romantik Joseph von Eichendorff mit der Funktion des Dichters und damit der Dichtung auseinander. In ihrem Gedicht *Nicht gesagt* widmet sich auch die moderne Dichterin Marie Luise Kaschnitz (1901–1974) diesem Thema. Die Ergebnisse, zu denen beide Gedichte bei der Behandlung ihres Themas kommen, sind denkbar verschieden.

B. Hauptteil: Interpretation

I. Inhalt

1. **Strophe**: Das lyrische Ich stellt fest, dass es weder beim Sprechen über das Wetter noch über die Liebe die richtigen Worte gefunden habe.
2. **Strophe**: Betonung der misslungenen Versuche
3. **Strophe**: Beispiele für misslungene Versuche aus der Natur

4. Strophe: Lyrisches Ich hat es nicht geschafft, Trost und Mut zu spenden.
5. Strophe: Weder Warnung noch Gotteslob hat das lyrische Ich von sich gegeben; das Gedicht endet mit der Frage nach der Identität des lyrischen Ichs.

II. Aussage

Das Gedicht behandelt wesentliche Themenfelder der Lyrik: Natur, Liebe, Religion. Die wichtigsten Aufgaben des Dichters werden genannt: Trost spenden, Mut machen. In der desillusionierenden Betrachtungsweise des lyrischen Ichs wird das Scheitern beim Versuch, eines dieser Themen oder eine dieser Aufgaben wirklich zu erfüllen, eingestanden. Am Ende dieses Geständnisses stellt sich für das lyrische Ich die Frage, wer es sei. Eine Antwort auf diese Frage wird nicht gegeben, das Gedicht bleibt mit seiner desillusionierenden Betrachtungsweise bezüglich der Aufgabe und dem Wert von Dichtung im Gedächtnis des Lesers, der so möglicherweise angeregt werden soll, sich eigene Antworten auf die Fragen zu geben.

III. Formale und sprachliche Gestaltung

Es lassen sich die folgenden sprachlichen und formalen Gestaltungsmittel feststellen:

- Alltagssprache, reimlos, ohne Feierlichkeit, ohne Verzierung als Ausdruck des Zweifels an dem Wert von Dichtung;
- Einwortsätze (V. 5) und Wortspiel als Betonung des Probierens und des Bittens, *Mißlungen* (V. 5) als eindeutiges Resultat;
- Alliteration: *Verfall* (V. 13), *Verzweiflung* (V. 14) als zusammengehörige Begriffe, die die menschliche Not beschreiben, gegen die Dichtung mit Trost arbeiten sollte;
- Metapher: *den Rücken gestärkt* (V. 11), als psychische Stärkung zu verstehen;
- Ellipse: V. 15, V. 18, der Selbstzweifel des lyrischen Ichs führt zu einer allmählichen Verstummung, die im letzten Vers sogar in einen Identitätskonflikt mündet. (Dahinter könnte die rhetorische Frage stehen: Wozu ist Lyrik noch zu gebrauchen, wenn sie die ihr zugedachte Aufgabe in keiner Weise erfüllen kann?)

C. Schluss

Ist bei Eichendorff der Dichter als Mahner, Verkünder des Schönen und als Mutmacher in hohem Ansehen, so zweifelt Kaschnitz diese Stellung grundlegend an. Ihr Gedicht ist von tiefem Selbstzweifel durchzogen. Was soll ein Gedicht dann überhaupt noch? Die Antwort wird der Leser immer nur jeweils selbst geben können. Eine allgemeingültige Bestimmung des Wertes von Dichtung, zu dieser Bestimmung ist Eichendorff noch imstande, ist im 20. Jahrhundert nicht mehr möglich. Die Möglichkeiten moderner Lyrik und die Frage nach ihrer Wirksamkeit überhaupt werden auch in Brechts *Schlechte Zeit für Lyrik* thematisiert.

3.8 Christoph Meckel
Rede vom Gedicht

Info

Christoph Meckel, * 12. 06. 1935 in Berlin; Lyriker, Erzähler, Grafiker; Werke z. B.: *Wildnisse* (1962), *Die Notícen des Feuerwerkers Christopher Magalan* (1966), *Ausgewählte Gedichte 1955–78* (1979), *Ein roter Faden* (1983), *Plunder* (1986), *Hundert Gedichte* (1988), *Pferdefuß* (1988); epochengeschichtliche Einordnung: Moderne.

Arbeitsaufgabe:

Beschreiben Sie den gedanklichen Aufbau, die Form sowie die sprachliche Gestaltung des folgenden Gedichts und erarbeiten Sie eine Interpretation.

Christoph Meckel (geb. 1935)
***Rede vom Gedicht* (1974)**

Das Gedicht ist nicht der Ort, wo die Schönheit gepflegt wird.

Hier ist die Rede vom Salz, das brennt in den Wunden.
Hier ist die Rede vom Tod, von vergifteten Sprachen.
Von Vaterländern, die eisernen Schuhen gleichen.
Das Gedicht ist nicht der Ort, wo die Wahrheit verziert wird.

Hier ist die Rede vom Blut, das fließt aus den Wunden.
Vom Elend, vom Elend, vom Elend des Traums.
Von Verwüstung und Auswurf, von klapprigen Utopien.
Das Gedicht ist nicht der Ort, wo der Schmerz verheilt wird.

Hier ist die Rede von Zorn und Täuschung und Hunger
(die Stadien der Sättigung werden hier nicht besungen).
Hier ist die Rede von Fressen, Gefressenwerden
von Mühsal und Zweifel; hier ist die Chronik der Leiden.
Das Gedicht ist nicht der Ort, wo das Sterben begütigt
wo der Hunger gestillt, wo die Hoffnung verklärt wird.

Das Gedicht ist der Ort der zu Tode verwundeten Wahrheit.
Flügel! Flügel! Der Engel stürzt, die Federn fliegen
einzeln und blutig im Sturm der Geschichte!

Das Gedicht ist nicht der Ort, wo der Engel geschont wird.

Lösungsvorschlag: Gliederung des Aufsatzes

A. Einleitung: Dichter, Titel, Thema

B. Hauptteil: Interpretation
- I. Gedanklicher Aufbau und Inhalt
- II. Sprachliche und formale Mittel
- III. Interpretation

C. Schluss: Zusammenfassung

Stichwortartige Ausarbeitung des Aufsatzes

A. Einleitung

Christoph Meckel thematisiert in seinem Werk immer wieder die Aufgabe und das Leistungsvermögen von Dichtung, so z. B. in der Erzählung *Tullipan* (1965) oder in seinem bislang einzigen Roman *Bockshorn* (1973). Auch in dem vorliegenden Gedicht setzt sich der Dichter kritisch mit dem Vermögen von Lyrik auseinander.

B. Hauptteil: Interpretation

I. Gedanklicher Aufbau und Inhalt

- Grundlegende Feststellung, was das Gedicht nicht ist: Das Gedicht will nicht idealisieren (vgl. V. 1).
- Erste Ausgestaltung der These durch Beispiele: Themen von Gedichten sind Leiden und Tod – die Wahrheit erscheint ungeschminkt (vgl. V. 2–5).
- Zweite Ausgestaltung durch Beispiele: Verletzungen und Enttäuschungen behandelt das Gedicht – Schmerz will es nicht heilen (vgl. V. 6–9).
- Dritte Ausgestaltung durch Beispiele: Themen sind auch existenzielle Mangelerscheinungen und menschliches Leid jeder Art – das Sterben wird nicht idealisiert, ermutigende Hoffnung wird nicht zugesprochen (vgl. V. 10–15).
- Vierte Ausgestaltung als pointierte Zusammenfassung: Das Gedicht ist der Ort einer Wahrheit, die gefährdet ist (vgl. V. 16).
- Metaphorische Erweiterung der Kernaussage: Bisher angenommene Wahrheiten verlieren ihre Gültigkeit.
- Abschluss: Das Gedicht wird als ein Korrektiv dieser überlebten Ideale verstanden.

II. Sprachliche und formale Mittel

- Metrum und Reim: 19 reimlose Verse ohne festes Metrum; Verse mit fünf Hebungen (Ausnahme: V. 7);
- Rahmen (vgl. V. 1 und V. 19) mit paralleler Satzstruktur; V. 2–15 als Sonett gestaltet: Zäsur in jedem Vers durch Komma angedeutet, 2 Quartette (V. 2–5 und V. 6–9) sowie 2 Terzette (V. 10–15), dadurch Verweis auf antithetische Argumentation;
- Parallelismen wie z. B. Anapher (vgl. V. 2 f.), Geminatio (vgl. V. 7 f.), Epanalepse (vgl. V. 17): Verstärkung des appellativen Charakters;
- Ellipsen (vgl. V. 4, 7 f.) und Inversion (vgl. V. 2) wollen die Aufmerksamkeit auf den Inhalt lenken;
- u-Assonanz (vgl. z. B. V. 6) und Vergleich (vgl. V. 4): poetische Steigerung des Ausdrucks;
- Asyndeton (vgl. z. B. V. 2–4) und Polysyndeton (vgl. V. 10) verstärken den Aufzählungscharakter;
- Alliteration (vgl. z. B. 15) betont den Kontrast zwischen „Hunger" und „Hoffnung";
- Metapher: *der Engel stürzt (...)* (V. 17) als Hinweis auf die überragende, fast religiöse Wertschätzung bisheriger Ideale.

III. Interpretation

Die Aufgabe von Lyrik besteht darin, die Wahrheit ungeschminkt ans Tageslicht zu befördern. Andere Funktionsbestimmungen, die der Poesie in erster Linie einen hohen ästhetischen oder ethischen Anspruch zuerkennen, werden abgelehnt. Dass Lyrik somit nach wie vor eine hohe Bedeutung zukommt, wird nicht bestritten; die Entlarvung falscher Wahrheiten und Ideale macht sie aber unbequem, möglicherweise stellt sie auch ein Ärgernis dar. Die Hervorholung und Demonstration von Wahrheit kann der Leser im Sinne neuer Erkenntnisse und einer Weiterentwicklung seiner Persönlichkeit nutzen.

C. Schluss

Im 20. Jahrhundert bestehen Zweifel an der Wirksamkeit von Lyrik bzw. von Literatur überhaupt (vgl. z. B. S. 91, Kaschnitz, *Nicht gesagt*). Meckel nimmt insofern eine idealistische Haltung ein, als er Lyrik als Wahrheitsinstrument versteht und die individuelle und gesellschaftliche Wirkfähigkeit der Poesie unbestritten lässt.

3.9 Rose Ausländer *Blatt* Hilde Domin *Losgelöst*

Info

Rose Ausländer, geb. Rosalie Scherzer, * 11. 5. 1901 in Czernowitz/Bukowina, † 3. 1. 1988 in Düsseldorf. Lyrikerin. Werke z. B.: *Blinder Sommer* (1965), *36 Gerechte* (1967), *Ohne Visum* (1974), *Andere Zeichen* (1975), *Mutterland* (1978), *Ein Stück weiter* (1979), *Einverständnis* (1980), *Mein Atem heißt jetzt* (1981), *Mein Venedig versinkt nicht* (1982), *So sicher atmet nur Tod* (1983); epochengeschichtliche Einordnung: neue Sachlichkeit / Moderne.

Arbeitsaufgabe:
Interpretieren und vergleichen Sie die beiden Gedichte.

Rose Ausländer (1901–1988)
***Blatt* (1977)**

Blatt
Handgrün
mit hellen Adern

Wind schreibt sein Profil
an die Luft

Es unterscheidet sich
von seinen Geschwistern
durch eine leichte Knickung
des Stängels

Ich entdecke
seinen hüpfenden Schattenriss
im Gras

Das Blatt fächelt mir
eine Botschaft zu
ich deute sie als ein Zeichen
unsrer Verbundenheit

Bestürzt sehe ich
einen braunen Fleck
auf seiner Herzlinie
aber die schönen Wölbungen
sind noch grün

grünes Blatt leb weiter
auf meinem weißen Blatt

info

Hilde Domin, * 27. 07. 1912 in Köln; Lyrikerin, Essayistin, Erzählerin; Werke z. B.: *Nur eine Rose als Stütze* (1959), *Doppelinterpretationen. Das zeitgenössische Gedicht zwischen Autor und Leser* (1966), *Rückkehr der Schiffe* (1962), *Hier* (1964), *Ich will Dich* (1970), *Gesammelte Gedichte* (1987); epochengeschichtliche Einordnung: Moderne.

Hilde Domin (geb. 1912)
***Losgelöst* (1962)**

Losgelöst
treibt ein Wort

auf dem Wasser der Zeit
und dreht sich
und wird getragen
oder geht unter.
Du hast mich lange vergessen.
Ich erinnre schon niemand,
dich nicht
und niemand.

Dies Wort von mir zu dir,
dies treibende Blatt,
es könnte von jedem
Baum

auf das Wasser gefallen sein.

Lösungsvorschlag: Gliederung des Aufsatzes

A. Einleitung: Gemeinsames Thema der Gedichte

B. Hauptteil: Vergleichende Interpretation
- I. *Blatt*
  1. Inhalt und Aussage
     a) Inhalt
     b) Aussage
  2. Sprachliche und formale Mittel
- II. *Losgelöst*
  1. Inhalt und Aussage
     a) Inhalt
     b) Aussage
  2. Sprachliche und formale Mittel

III. Zusammenfassende Betrachtung beider Gedichte/ epochentypische Merkmale
   1. Form
   2. Inhalt
   3. Epochentypische Merkmale

C. Schluss: Aktualität der Gedichte

Stichwortartige Ausarbeitung des Aufsatzes

A. Einleitung

Naturmotive spielen in den Gedichten von Rose Ausländer und Hilde Domin eine zentrale Rolle. In den vorliegenden Gedichten *Blatt* von Rose Ausländer und in *Losgelöst* von Hilde Domin geht es um die Verbindung von Natur und Mensch.

B. Hauptteil: Interpretation

I. *Blatt*

1. Inhalt und Aussage

a) Inhalt

Das lyrische Ich beschreibt zunächst das Aussehen eines Blattes (vgl. V. 1 f.), das vom Wind hin- und her bewegt wird (vgl. V. 2 f.). Aufgrund einer auffälligen Biegung des Stängels lässt es sich von anderen Blättern unterscheiden (vgl. V. 5–8). Der Schatten des Blattes bewegt sich auf dem Gras (vgl. V. 9–11). Das lyrische Ich erkennt in der Bewegung des Blattes eine Botschaft, die auf die enge Zusammengehörigkeit beider hindeutet (vgl. V. 12–15). In der vorletzten Versgruppe nimmt das lyrische Ich einen braunen Fleck auf der Blattoberseite wahr und erschrickt darüber; es beruhigt sich damit, dass ein Großteil des Blattes noch grün ist (vgl. V. 16–19). In der letzten Versgruppe fordert das lyrische Ich das Blatt auf, auf dem eigenen Schreibpapier weiterzuleben (vgl. V. 20 f.).

b) Aussage

Als Aussage des Gedichtes lässt sich zunächst festhalten, dass die enge Verbundenheit von Mensch und Natur in dem Verhältnis von lyrischem Ich und Blatt dargestellt wird. Darüber hinaus ist der optimistische Schluss so zu deuten, dass Dichtung Vergänglichkeit bannen kann. Insofern wird neben dem Naturmotiv auch eine poetologische Aussage formuliert.

2. Sprachliche und formale Mittel

- Metrum, Reimform: ohne erkennbares Metrum, reimlos;
- Syntax, Wortwahl: Ellipse und Enjambement (vgl. V. 1 f.), vollständiger Satz und Enjambement (vgl. V. 5–21), keine Interpunktion, Wortfeld „Natur“: *Wind* (V. 3), *Blatt* (Titel, V. 12, V. 20), *Stängel* (V. 8), *Gras* (V. 11); Wortfeld „Mensch“: *handgrün* (V. 1), *Adern* (V. 1), *Profil* (V. 3), *Geschwister* (V. 6), *Herzlinie* (V. 17);
- Neologismus: *Handgrün* (V. 2), *Herzlinie* (V. 19) als Verstärkung des visuellen Eindrucks durch Assoziation;
- Personifizierung: *Wind schreibt sein Profil* (V. 4), *Das Blatt fächelt mir / eine Botschaft zu* (V. 13 f.) als Hervorhebung der Verbindung von Mensch und Natur;
- Personifizierung, Enjambement: *Es unterscheidet sich / von seinen Geschwistern / durch eine leichte Knickung / des Stängels* (V. 6–9) als Hervorhebung der Verbindung von Mensch und Natur, Nachahmung der Bewegung;
- Farbsymbol (*grünes Blatt, weiße(s) Blatt,* V. 22 f.): „grün“ als Zeichen der Lebendigkeit, *weiße(s) Blatt* hier metonymisch für die Bewahrung durch die Dichtkunst; der braune Fleck (vgl. V. 16) ist als Symbol der Vergänglichkeit zu deuten;
- i- und e-Assonanzen: *mit hellen Adern* (V. 3), *Wind schreibt sein Profil* (V. 4), *Herzlinie* (V. 19) als Verstärkung der freudigen Erregung durch helle Vokale.

II. *Losgelöst*

1. Inhalt und Aussage

a) Inhalt

Das lyrische Ich beschreibt ganz allgemein das Schicksal einer Mitteilung, die ihren Ursprung (Sender) verlassen hat und vergessen wird, wenn sie nicht gehört bzw. empfangen wird (vgl. V. 1–6). In der zentralen dritten Versgruppe wird zu der allgemeinen Feststellung ein Beispiel angeführt: Das lyrische Ich spricht ein Du an, und formuliert die Erkenntnis, von diesem Du schon lange vergessen worden zu sein (vgl. V. 7). Niemand erinnere sich mehr an das lyrische Ich (vgl. V. 7–10). Die Gespräche, die zwischen dem Du und dem lyrischen Ich stattgefunden haben, unterliegen dem Vergessen (vgl. V.11 f.); es ist nach der Aussage des lyrischen Ichs bereits der Zustand eingetreten, dass die Sätze, die zwischen beiden gewechselt worden sind, nicht mehr konkret auf einen Ursprung zurückgeführt werden können (vgl. V. 13–15).

b) Aussage

Als Aussage lässt sich festhalten, dass gesprochene Wörter immer der Gefahr ausgesetzt sind, vergessen zu werden. Im Gedicht überwiegt die pessimistische Haltung: Gespräche und die Sprecher selbst sind dem Vergessen ausgesetzt. Einen schwach ausgeprägten optimistischen Zug mag man in V. 5 erkennen: Gespräche, die die innige Verbindung zweier Menschen bedingen, behalten ihren Wert, wenn sie erinnert werden. Die pessimistisch-melancholische Grundstimmung dominiert aber das Gedicht.

2. Sprachliche und formale Mittel

- Metrum, Reimform: ohne erkennbares Metrum, reimlos; Versgruppen zu zwei, vier, vier, vier Versen und schließlich einem Vers als Hinweis auf die zentrale Aussage, die in der mittleren, dritten Versgruppe zu finden ist und das Vergessen behandelt.
- Syntax, Wortwahl: Enjambement (vgl. V. 1–6, V. 11–15) als Hervorhebung der Loslösung bzw. des Treibens; vollständige, parataktische Syntax; Partizipial- und Passivkonstruktionen (vgl. V. 1, V. 5); Wortfeld „Natur": *Wasser* (V. 3), *Baum* (V. 14), *Blatt* (V. 12); Verwendung von Personlapronomina (vgl. V. 7–11) zur Herstellung der Kommunikationssituation;
- Metonymie: *Wort* (V. 2) steht stellvertretend für die gesamte Mitteilung;
- o- und a-Assonanzen: *Losgelöst* (V. 1), *Wort* (V. 2), *auf dem Wasser* (V. 3), *getragen* (V. 5), *Wort* (V. 11), dunkle Vokale zum Ausdruck melancholischer Grundstimmung;
- Personalpronomen: *Ich* (V. 8), *dich* (V. 9), *von mir zu dir* (V. 11) als Hervorhebung der Beziehung zwischen dem lyrischen Ich und dem angesprochenen Du als Gedichtthema;
- Metapher/Personifizierung (vgl. V. 1 f.): Ausdruck des fehlenden Bezugs und der Ohnmacht des Wortes;
- Natursymbolik: *Wasser der Zeit* (V. 3) zur Hervorhebung der Flüchtigkeit der Zeit;
- Natursymbolik: *Dies Wort von mir zu dir, / dies treibende Blatt, / es könnte von jedem / Baum / auf das Wasser gefallen sein.* (V. 11–14), überindividuelle Bedeutung des Wortinhalts, die nicht untergeht, sondern in der Zeit bestehen bleibt.

III. Zusammenfassende Betrachtung beider Gedichte / epochentypische Merkmale

1. Form

Beide Gedichte verzichten auf ein durchgängiges Metrum bzw. auf Reimwörter und formulieren ihren Inhalt in zu Versgruppen angeordneter Prosa. Während *Blatt* auf Interpunktionen ganz verzichtet, hält sich *Losgelöst* an die einschlägigen Interpunktionsregeln.

2. **Inhalt**
   In beiden Gedichten spielt ein Blatt eine zentrale Rolle. Weitere Gemeinsamkeiten sind die Naturmotivik und Bedeutung, die dem Wort eingeräumt wird. Sie unterscheiden sich in ihrer Grundaussage: In dem Gedicht *Blatt*, das von einer optimistischen Grundhaltung geprägt ist, wird der Dichtkunst der Wert zuerkannt, Vergängliches am Leben erhalten zu können. Die Verbindung von Mensch und Natur wird als eine besonders intensive betrachtet.
   Das Gedicht *Losgelöst* verfolgt den bereits im Titel angedeuteten pessimistischen Grundzug in der Aussage, dass Wörter vergessen werden. Eine positive Perspektive im Sinne einer Konservierung des Wortes ist dadurch angedeutet, dass die Möglichkeit, dass das Wort *getragen* (V. 5) wird, in Erwägung gezogen wird. Dieses „Tragen" könnte als poetologische Aussage und damit als Aufgabe der Dichtkunst verstanden werden. In den Vordergrund rückt die Verbindung zweier Menschen, in deren Dienst auch das gesprochene Wort gestellt wird.

3. **Epochentypische Merkmale**
   Aufgrund der Lebensdaten der Dichterinnen lassen sich beide Gedichte der Moderne zuordnen. In formaler Hinsicht lässt sich die Einordnung durch den Verzicht auf traditionelle lyrische Gestaltungsmittel wie Metrum, Gedichtform und Reimschema begründen. In beiden Gedichten wird optisch gegliederte Prosa verwendet. In inhaltlicher Hinsicht sprechen für die Einordnung in die Moderne: Sprachkritik, zunehmende Isoliertheit des lyrischen Ichs, Betonung der Individualität, Verzicht auf Sinngebung durch mythisch-transzendente Welt.
   Auch wenn sich beide Gedichte formal und inhaltlich der Moderne zurechnen lassen, so steht vor allem hinter dem Gedicht *Blatt* eine idealistische Vorstellung der Dichtkunst; die Vorstellung, die Vergänglichkeit durch das poetische Wort bannen zu können, erinnert an die hohe Wertschätzung des Dichter, wie sie Joseph von Eichendorff in seinem bekannten Gedicht *Der Dichter* formuliert hat: *Da ist nichts mehr, was ihm nicht sollte glücken!* (s. S. 108, Teilband 1, *Der Dichter*, V. 14). Mit der Romantik verbindet auch die breiten Raum einnehmende Naturmotivik.
   Das Gedicht *Losgelöst* ist in seinem melancholischen Grundton und in seinem Verzicht auf das Ausmalen eine optimistischen Perspektive „moderner". Allerdings kennt es gleichfalls den bewah-

renden Wert von Dichtung, wenn man das „Tragen“ in V. 5 als Hinweis auf die Literatur deuten darf.

C. Schluss

Naturmotive werden auch in moderner Lyrik gerne verwendet, um mit ihrer Hilfe Themen des menschlichen Lebens zu gestalten. In den beiden vorliegenden Gedichten wird mit Naturmotiven eine gegensätzliche Bewertung des dichterischen Wortes ausgedrückt. Besonders eindrucksvoll hat Ingeborg Bachmann in ihrem Gedicht *Entfremdung* Naturmotive verwendet, um der Perspektivelosigkeit des Individuums Ausdruck zu geben. Auch in diesem Gedicht spielt die Baum-Metaphorik eine große Rolle: *In den Bäumen kann ich keine Bäume mehr sehen. / Die Äste haben nicht die Blätter, die sie in den Wind halten* (*Entfremdung*, V. 1 f.). Im Gegensatz zu den beiden vorliegenden Gedichten wird die Baum-Metaphorik nicht auf poetologische Überlegungen, sondern auf eine Grundproblematik des Individuums bezogen: Das lyrische Ich überwindet sein Einsamkeit nicht in der Natur. Es verspürt den Wunsch nach einem Aufhören rationalisierender Wirklichkeitserfahrungen, und es stellt sich die Frage, ob es einen neuen Versuch zur Annäherung an die Natur wagen solle. Das Individuum, das sich um eine intellektuelle Auseinandersetzung mit der Natur bemüht, verliert die Fähigkeit, sich gewissermaßen naiv der Naturerfahrung zu öffnen, weil es ständigem Erklärungszwang ausgesetzt ist. Worte dienen in dem Gedicht nicht mehr der Klärung von Zusammenhängen, sie verstellen den Blick auf die Wirklichkeit vielmehr.

3.10 Rolf Haufs
Jeden Tag

Arbeitsaufgabe:
Interpretieren Sie das folgende Gedicht.

Rolf Haufs (geb. 1935)
***Jeden Tag* (1986)**

Fällt hin der Mann. Steht auf
Kriegt Fresse voll. Ein Fotograf macht Geld
Mit seinem Blut. Bescheid weiß man
In vieler Welt: weit weg das Sterben
Hier der Duft Jasmin. Die Juniorgel
Wiegt in Schlaf die Neugeborenen
Lass. Lass. Es müsste sonst
Etwas geschehen.

Info

Rolf Haufs wird 1935 in Düsseldorf geboren. Nach der kaufmännischen Ausbildung ist er zunächst als Exportkaufmann tätig. 1960 siedelt er nach Berlin über, wo er als freier Schriftsteller arbeitet. 1972 wird er Redakteur beim Sender Freies Berlin. Sein Werk umfasst Hörspiele, z. B. *Harzreise* (1968), *Die Schläfer* (1965) und Gedichte.

Lösungsvorschlag: Gliederung des Aufsatzes

A. Einleitung: Eigenart und Thema des Gedichts, Dichter

B. Hauptteil: Interpretation
- I. Inhalt und Aussage
  1. Inhalt
  2. Aussage
- II. Sprachliche Gestaltung

C. Schluss: Aktualitätsbezug

Stichwortartige Ausarbeitung des Aufsatzes

A. Einleitung

Gedichte als literarische Gattung, in der der Problemgehalt höchst komprimiert dargeboten wird. Auch in *Jeden Tag*, das 1986 von Rolf Haufs veröffentlicht worden ist, lässt sich diese Komprimierung am Thema der medialen Welterfahrung beobachten.

B. Hauptteil: Interpretation

I. Inhalt und Aussage

1. Inhalt
- Schilderung des Leidens eines Mannes, mit dem ein Reporter Geld verdient;
- Leid existiert in aller Welt, dort, wo Informationen ankommen, herrscht Friede;
- Neugeborene von *Juniorgel* (V. 5) in Schlaf gewiegt;
- Aufforderung, Aktionen zu unterlassen, weil dann Veränderungen notwendig würden.

2. Aussage
- Kritik an Medien, die am Leiden der Menschen Geld verdienen;
- Kritik an Medienkonsumenten, die Passivität pflegen;
- Aufgabe der Passivität würde dringenden Handlungsbedarf zur Folge haben; Aufforderung *Lass. Lass* (V. 7) daher ironisch-sarkastisch zu verstehen.

II. Sprachliche Gestaltung

Es lassen sich die folgenden sprachlichen Gestaltungsmittel feststellen:

- einfacher, parataktischer Satzbau, zahlreiche Enjambements, umgangssprachliche Ausdrücke, optische Ausrichtung des Gedichts auf letzten Vers *Etwas geschehen* (V. 8);
- Enjambement: V. 1–8, Bewegung des fallenden und aufstehenden Mannes; Informationsfluss; *Juniorgel* (V. 5), die in den Schlaf wiegt;
- Imperative: V. 7, deutliche Mahnung, Handlung zu unterlassen;
- Kontrast: *Sterben* (V. 4)/*Jasmin* (V. 5) als Verdeutlichung der Diskrepanz von fernem Krieg und hiesiger Freude;
- Metaphern: V. 5 f., Assoziation Orgel/Kirche (Frieden), aber auch mit Stalinorgel (Krieg); *Neugeborene* (V. 6) könnten Menschen sein, die sich im Frühjahr über aufkeimendes Leben in der Natur freuen.

C. Schluss

Jeden Tag erfahren wir vom Leiden in den Nachrichten. Aufforderung, im Rahmen des Möglichen zu handeln und eigene Gleichgültigkeit zu bekämpfen.

3.11 Bertolt Brecht
Das Lied vom Rauch

Info

Kurzbiografie Bertolt Brecht s. S. 72

Arbeitsaufgabe:

Interpretieren Sie das *Lied vom Rauch* nach Form und Aussage. Ordnen Sie das Lied in den szenischen Zusammenhang des 1. Bildes ein. Setzen Sie das Lied in Beziehung zur Gesamtaussage des Stücks *Der gute Mensch von Sezuan.*

Bert Brecht (1898–1956)
***Das Lied vom Rauch* (1938/40)**

DER GROSSVATER
Einstmals, vor das Alter meine Haare bleichte
Hofft' mit Klugheit ich mich durchzuschlagen.
Heute weiß ich, keine Klugheit reichte
Je, zu füllen eines armen Mannes Magen.
    Darum sagt' ich: laß es!
    Sieh den grauen Rauch
    Der in immer kältre Kälten geht: so
    Gehst du auch.

DER MANN
Sah den Redlichen, den Fleißigen geschunden
So versucht' ich 's mit dem krummen Pfad.
Doch auch der führt unsereinen nur nach unten
Und so weiß ich mir halt fürder keinen Rat.
  Und so sag ich: laß es!
  Sieh den grauen Rauch
  Der in immer kältre Kälten geht: so
  Gehst du auch.

DIE NICHTE
Die da alt sind, hör ich, haben nichts zu hoffen
Denn nur Zeit schafft 's, und an Zeit gebricht 's.
Doch uns Jungen, hör ich, steht das Tor weit offen
Freilich, hör ich, steht es offen nur ins Nichts.
  Und auch ich sag: laß es!
  Sieh den grauen Rauch
  Der in immer kältre Kälten geht: so
  Gehst du auch.

Lösungsvorschlag: Gliederung des Aufsatzes

A. Einleitung: Vorstellung des Dichters, Kurzinhalt des Dramas

B. Hauptteil: Interpretation
- I. Inhalt, Form und Aussage
  1. Inhalt
  2. Form
  3. Aussage
- II. Kontexteinordnung
- III. Verbindung zur Gesamtaussage des Dramas

C. Schluss: *Song* als Mittel des epischen Theaters

Stichwortartige Ausarbeitung des Aufsatzes

A. Einleitung

Bert Brecht, der Schöpfer des epischen Theaters, gestaltet in seinem Parabelstück *Der gute Mensch von Sezuan* das Problem der gesellschaftlichen Prägung individueller Vorstellungen von Gut und Böse. Der vorliegende Song, der zu den typischen Mitteln des epischen Theaters gehört, entstammt der ersten Szene, „Im Tabakladen". Nachdem Shen Te zu einem eigenen Geschäft gekommen ist, erfährt sie einen großen Zulauf von den Bedürftigen der Stadt; sie selbst ist nicht rücksichtslos genug, um die ungebetenen Gäste hinauszuwerfen. Der Song wird mit der Intention dargeboten, Shen Te zu „unterhalten" (vgl. S. 27).

B. Hauptteil: Interpretation

I. Inhalt, Form und Aussage

1. Inhalt

Die drei Strophen enthalten jeweils einen gleichlautenden Refrain, der eine pessimistische Zukunftsperspektive entwirft und zum Aufgeben im Verteilungskampf auffordert.

1. **Strophe (V. 1–8)**: Der Großvater erinnert sich daran, dass er in seiner Jugend gemeint habe, dass Klugheit ein Mittel wäre, um Wohlstandsanteile zu erwerben. Im Alter sei er zu der Erkenntnis gelangt, dass dieses Mittel nicht ausreiche, um für das Lebensnotwendige zu sorgen.
2. **Strophe (V. 9–16)**: Der Mann erklärt, dass er mit illegalen Mitteln keinen Erfolg gehabt habe. Er gesteht, dass er ratlos sei.
3. **Strophe (V. 17–24)**: Die Nichte zieht aus dem Gehörten den Schluss, dass sich für die älteren Menschen aufgrund des Mangels an Zeit keine positive Perspektive mehr eröffnen lasse. Auch wenn die jungen Menschen noch genügend Zeit vor sich hätten, so führe der Weg, wie sie gehört habe, dennoch nicht zum Erfolg.

2. Form

- Gedichtform: Lied mit drei Strophen zu je acht Versen, jeweils die ersten vier Strophen (Kreuzreim) mit epischem Bericht (Großvater, Mann) bzw. Zustandsbeschreibung (Nichte), Fazit im Refrain, kein einheitliches Metrum;
- Enjambement (vgl. V. 7 f., 15 f., 23 f.) : Betonung des Vergleichspartikels „so" und Hervorhebung des Bezugs zum Zuhörer;
- Kontrast: In der ersten Hälfte der drei Strophen wird jeweils Hoffnung auf ein Mittel formuliert. Eingeleitet mit *heute* (V. 3) und

doch (V. 11, V. 19) folgt die Antithese und verstärkt die zum Ausdruck kommende Desillusionierung.
- Personifizierung: *Einstmals, vor das Alter meine Haare bleichte* (V. 1), Betonung der Macht des Alters;
- Inversion, Alliteration (vgl. V. 3 f.): Ausweglosigkeit der Situation des Mittellosen;
- Polyptoton (*kältre Kälten*, V. 7, 15, 23), Archaismen: *einstmals* (V. 1), *unsereinen* (V. 11), *fürder* (V. 12), *gebricht 's* (V. 18), übertriebende und altertümliche Ausdrucksweise zur Formulierung allgemeingültiger Wahrheit;
- Symbol: *Rauch* (Titel, V. 6, 14, 22) assoziierbar mit Vergänglichkeit des Lebens.

Der Song ist ein Mittel des epischen Theaters und steht im Dienste des „Verfremdungseffektes"; der Song
- unterbricht die eigentliche Handlung,
- wendet sich direkt an das Publikum,
- kommentiert die Vorgänge in der vorausgehenden Szene,
- verbindet die Lehre des Stücks mit dem Leben der Zuschauer,
- verallgemeinert den dargebotenen Einzelfall zur Gesetzmäßigkeit des menschlichen Lebens und
- regt den Zuschauer zum Nachdenken darüber an, wie sich der dargestellte Zustand verändern ließe.

3. Aussage

Großvater, Mann und Nichte repräsentieren drei Generationen. Während der Großvater und der Mann den Erfolg ihrer bisherigen Bemühungen, mit Klugheit bzw. mit Hilfe illegaler Mittel zu Wohlstand zu gelangen, negativ bewerten, formuliert die jungen Frau, die über solche Erfahrungen noch nicht verfügt, eine negative Einstellung gegenüber dem eigenen Leben und der Zukunft, von denen sie nichts erwartet. Die Vergeblichkeit der Bemühungen und die Sinnlosigkeit und Vergänglichkeit des Lebens werden in das Symbol des flüchtigen Rauches gefasst.

II. Kontexteinordnung

- *Alle nehmen sich zu rauchen* (S. 27): Ohne Rücksicht bedienen sich die „Gäste" an der Warenauslage Shen Tes und beginnen damit die Vernichtung ihrer wirtschaftlichen Existenz. Ihr Geschäft droht – bildlich gesprochen – „in Rauch aufzugehen". Das Symbol des Rauches steht im Titel des Liedes für die vergeblichen Bemühungen der Menschen, sich im Kampf um Wohlstandsanteile durchzusetzen.

- *Mein schöner Laden! O Hoffnung! Kaum eröffnet, ist er schon kein Laden mehr* (S. 28): Wie die Nichte so analysiert auch Shen Te die Perspektivlosigkeit ihrer Lage. Sie erkennt, dass sie aufgrund der großen Bedürftigkeit der Menschen und ihrer eigenen Gutmütigkeit keine Überlebenschance als Geschäftsfrau hat. Die allgemeine Lehre, die der Song formuliert, wird auch in der Regieanweisung *RUFE von draußen: Macht auf!* (S. 29) deutlich.

III. Verbindung zur Gesamtaussage des Dramas

- Im Song wird die Frage gestellt, wie man in einer kapitalistisch geprägten Gesellschaft überleben kann. Weder Klugheit noch illegale Mittel helfen weiter. Im Wasserträger Wang wird das Bild des Menschen entworfen, der überwiegend mit Ehrlichkeit (die Götter entdecken gleich zu Beginn des doppelbödigen Wasserbecher) kaum das Lebensnotwendige verdienen kann. Auch mit der Unmenschlichkeit Shui Tas, der vor illegalen Mitteln nicht zurückschreckt, kann sich Shen Te dauerhaft nicht durchsetzen. Das Motiv der Vergänglichkeit prägt somit das Stück.
- Der Song thematisiert in der Aussage des Großvaters teilweise das Grundproblem Shen Tes, das in dem Konflikt zwischen Nächstenliebe und Überleben besteht. Dieser Konflikt bleibt ungelöst, wie es Shen Te am Ende den Göttern gesteht: *Euer einstiger Befehl/ Gut zu sein und doch zu leben/Zerriß mich wie ein Blitz in zwei Hälften. Ich/Weiß nicht, wie es kam: gut zu andern/Und zu mir konnte ich nicht zugleich/Andern und mir zu helfen, war mir zu schwer./Ach, eure Welt ist schwierig! Zu viel Not, zu viel Verzweiflung!* (S. 139)
- Im Song wird kein Ausweg aufgezeigt, und Shen Te bekommt von den Göttern nur die Antwort, den Vetter nicht zu oft zu rufen. Im Epilog wird der Zuschauer mit der Frage konfrontiert, welche Lösung er sich vorstellen könnte: *(...) Was könnt die Lösung sein?/Wir konnten keine finden, nicht einmal für Geld./Soll es ein andrer Mensch sein?/Oder eine andre Welt?/Vielleicht nur andere Götter? Oder keine? (...)/Verehrtes Publikum, los, such dir selbst den Schluß!/Es muß ein guter da sein, muß, muß, muß!* (S. 144)

C. Schluss:

Für Brecht besteht die „Lösung" der im Song thematisierten Problematik in einer Veränderung der gesellschaftlichen Rahmenbedingungen, insbesondere in der Abkehr vom ökonomischen Prinzip des Kapitalismus. Damit einher geht die Forderung nach einem „neuen" Menschen, der seine Wertvorstellungen ohne Entfremdungserlebnis durch die ökonomischen Rahmenbedingungen verwirklichen kann.

3.12 Ursula Krechel
Episode am Ende

Ursula Krechel, * 4. 12. 1947 in Trier; Lyrikerin, Erzählerin, Hörspielautorin. Werke z. B.: *Erika* (1974), *Selbsterfahrung und Fremdbestimmung* (1975), *Zweite Natur* (1981), *Kakaoblau* (1989); epochengeschichtliche Einordnung: Moderne/ Neue Subjektivität.

Arbeitsaufgabe:

Interpretieren Sie das folgende Gedicht. Gehen Sie dabei auf epochentypische Merkmale und die Gestaltung des Trennungsmotivs ein.

Ursula Krechel (geb. 1947)
***Episode am Ende* (1977)**

Kaum hat der unbequeme junge Schriftsteller
die Schlösser seines Koffers zuschnappen lassen
kaum hat er seiner Freundin, der kurzweiligen
noch einmal über das Haar gestrichen, ich
komme ja wieder, bestimmt, sagt er, aber
mit seinem Kopf ist er schon weg.
Halt dich aufrecht, Mädchen!
Sie weiß nicht, ob sie weinen soll. Schließlich
hat sie keine Übung im Umgang mit Männern wie ihm.
Kaum ist er ins Taxi gestiegen, das hier sonnengelb ist
hat diese knappe Liebe und diese Stadt
mein Gott, diese wahnsinnige Stadt am anderen Ende
der Welt, in der einer wie er ein Mädchen braucht
wie das tägliche Brot, wie Toast, was sag ich
wie Buchweizenpfannkuchen mit Sirup
zuhause wird er es selbst nicht mehr glauben
hinter sich gelassen am Nachmittag
kaum ist im Flughafengebäude sein Körper
flüchtig abgetastet von einem Uniformierten
sitzt er schon im Flugzeug, Fensterplatz, Raucher
angeschnallt zwischen jetzt und später
macht es sich bequem in seinen fliegenden Schuhen
und schreibt ein Gedicht: Kaum hab ich
die Schlösser meines Koffers zuschnappen lassen.

Lösungsvorschlag:
Gliederung des Aufsatzes

A. Einleitung: Thema des Gedichtes, Epocheneinordnung

B. Hauptteil: Interpretation

1. Inhalt und Aussage
   a) Inhalt
   b) Aussage

2. Sprachliche und formale Mittel

3. Epochengeschichtliche Einordnung

4. Gestaltung des Trennungsmotivs

C. Schluss: Vergleich mit motivgleichen Gedichten

Stichwortartige Ausarbeitung des Aufsatzes

A. Einleitung

Die Auflösung einer Liebesbeziehung ist das Thema des vorliegenden modernen Gedichts: In Ursula Krechels *Episode am Ende* nehmen zwei Menschen Abschied voneinander.

B. Hauptteil: Interpretation

1. Inhalt und Aussage

a) Inhalt

V. 1 f.: Als Zeichen des Abschieds und des Aufbruchs lässt ein junger Schriftsteller die Schlösser seines Koffers zuschnappen.

V. 3–7: Er streicht seiner Freundin tröstend über das Haar und ermuntert sie mit dem Hinweis, dass er wiederkommen werde. Das implizite lyrische Ich kommentiert die Handlung, indem es auf die Unehrlichkeit des Schriftstellers verweist, der mit seinen Gedanken bereits weit entfernt ist und der emotional unbeteiligt erscheint.

V. 8 f.: Die Reaktion des Mädchens ist von Unsicherheit geprägt. Es überlegt sich, ob es anfangen soll zu weinen.

V. 10–17: Das Verlassen der Stadt wird mit dem Verlassen des Mädchens verglichen. Das Verlangen des Schriftstellers nach einem

Mädchen wird von ihm als selbstverständlich begriffen. Gleichzeitig wird gesagt, dass er sich nach seiner Rückkehr nach Hause kaum mehr an die Affäre erinnern werde.

V. 18 f.: Der Schriftsteller wird im Flughafen der routinemäßigen Personenüberprüfung unterzogen.

V. 20–22: Der Schriftsteller hat im Flugzeug Platz genommen.

V. 23 f.: Er verarbeitet das Abschiednehmen in Form eines Gedichts; dabei wandelt er die Formulierung aus V. 1 des vorliegenden Gedichtes ab, indem er die Ich-Perspektive benutzt.

b) Aussage

Ein Schriftsteller nimmt in routinemäßiger Weise Abschied von einer Geliebten, die er sowohl als Zeitvertreib als auch als Inspirationsmittel benutzt hat. Deutlich wird die Kritik an der Verdinglichung von Menschen; gerade im Rahmen eine Liebesbeziehung ist es besonders kritikwürdig, den anderen als Mittel zum Zweck zu verwenden.

2. Sprachliche und formale Mittel

- Versgruppe, 24 reimlose Verse, kein durchgängiges Versmaß, Rhythmisierung, optisch gegliederte Prosa: Verzicht auf Feierlichkeit, Verdeutlichung der fehlenden emotionalen Tiefe, Hinweis auf Alltäglichkeit der dargestellten Abschiedsszene;
- Viermal wiederholter Beginn eines temporalen Nebensatzes mit *kaum* (V. 1, V. 3, V. 10, V. 18), Hauptsatz von V. 20–24, Enjambements (vgl. z. B. V. 1 f., V. 4 f. und öfter), Inversion (vgl. V. 11–17), Doppelpunkt in V. 23: Anlage der Satzstruktur auf die Pointe in V. 23 f. hin, Enjambements steigern die Dynamik, beschleunigen die Geschwindigkeit der Abschiedsroutine.
- wertende Adjektive (*unbequem*, vgl. V. 1, *kurzweilig*, vgl. V. 3), direkte Rede (vgl. V. 4 f., V. 7), Ausruf (vgl. V. 7), Kommentar des impliziten lyrischen Ichs (vgl. V. 5 f.): Darstellung der Unaufrichtigkeit des Schriftstellers;
- Vergleich, Correctio und Klimax (vgl. V. 14 f.) zur Hervorhebung der Legitimationsgrundlage; der Schriftsteller geht davon aus, dass er ein Recht hat, ein Mädchen als Mittel gebrauchen zu dürfen.
- Metapher: *fliegende( ) Schuhe( )* (V. 22) als Hervorhebung des beschleunigten Abschieds;
- Aufzählung: *Flugzeug, Fensterplatz, Raucher* (V. 20) als Verdeutlichung der Alltäglichkeit des Vorgangs.

3. Epochengeschichtliche Einordnung

Für die Zuordnung des Gedichts zur Epoche der Moderne sprechen die folgenden Kriterien:

- Abwendung von traditioneller lyrischer Form: Verzicht auf ein durchgängiges Metrum, Verzicht auf hohen Stil und Verwendung von Alltagssprache;
- Betonung der materialistischen Ausrichtung, Entindividualisierung: Mensch wird als Mittel benutzt.
- Infragestellung tradierter Werte wie z. B. Liebe, Verzicht auf Sinngebung durch mythisch-transzendente Welt;
- Nur mehr implizites, verborgenes lyrisches Ich als ein Zeichen, dass das Individuum bedeutungslos geworden ist.

4. Gestaltung des Trennungsmotivs

- Abschied als Thema
- Es ist es der Mann, der aufbricht; die Frau bleibt zurück.
- Der Mann hat die Frau als ein Mittel zur Befriedigung seiner Wünsche benutzt; eine emotionale Bewegung beim Abschied ist auf seiner Seite nicht erkennbar, er scheint eingeübt zu sein in der Routine des Abschiednehmens – für das Mädchen ist der Abschied sichtbar schmerzhafter.
- Das lyrische Ich ist verborgen, es wirkt nur noch als Zuschauer und übermittelt aus der Distanz ironisch zu verstehende Kommentare.
- Die Frau spielt nur eine Nebenrolle und entspricht damit der Rolle, die ihr der Schriftsteller zuspricht.
- Krechels Gedicht betont die äußere, beobachtbare Handlung.
- Krechel kritisiert die Gefühlskälte des Schriftstellers, der die Beziehung zu einem Mädchen instrumentalisiert und für seine literarische Produktion verwendet.

C. Schluss

In der Moderne finden sich zahlreiche motivverwandte Gedichte, die sich auf die Situation der verlassenen Frau konzentrieren. Die Reaktion der Frau kann ganz verschieden zu der in Krechels Gedicht angedeuteten ausfallen. Nimmt man beispielsweise Ulla Hahns *Mit Haut und Haar,* stellt man fest, dass hier die Kritik an der Selbstaufgabe der Frau in einer Liebesbeziehung und zugunsten des Mannes laut vernehmlich wird.

4. Themen und Gedichte für Gedichtvergleiche

Themen	Gedichte
Liebe	**Eduard Mörike** *An die Geliebte* * **Ursula Krechel** *Episode am Ende*
Politisches Zeitgeschehen	**Bertolt Brecht** *An die Nachgeborenen* **Günter Grass** *Kinderlied* * **Rolf Haufs** *Jeden Tag* **Paul Celan** *Todesfuge* **Bertolt Brecht** *Das Lied vom Rauch* **Georg Heym** *Der Krieg* *
Abend/Nacht	**Georg Trakl** *Verfall* **Conrad Ferdinand Meyer** *In der Dämmerung*
Reisen	**Gotttfried Benn** *Reisen* * **Ernst Stadler** *Fahrt über die Kölner Rheinbrücke bei Nacht*
Krankheit/Tod/ Vergänglichkeit	**Conrad Ferdinand Meyer** *Schwüle* **Conrad Ferdinand Meyer** *In der Dämmerung* **Georg Heym** *Der Krieg* * **Georg Trakl** *In ein altes Stammbuch*

	Georg Trakl *Verfall* **Paul Celan** *Todesfuge* **Alfred Lichtenstein** *Nebel* **Gottfried Benn** *Morgue I. Kleine Aster*
Natur	**Ernst Stadler** *Vorfrühling* **Eduard Mörike** *Er ist 's* **Karl Krolow** *Neues Wesen* **Günter Eich** *An die Lerche*
Aufbruch	**Ernst Stadler** *Vorfrühling* **Ingeborg Bachmann** *Die gestundete Zeit*
Der Mensch	**Ernst Stadler** *Form ist Wollust* **Rainer Maria Rilke** *Kindheit* **Gottfried Benn** *Reisen* *
Dichter/Gedicht	**Marie Luise Kaschnitz** *Nicht gesagt* **Rose Ausländer** *Blatt* **Hilde Domin** *Losgelöst* **Christoph Meckel** *Rede vom Gedicht*

Land/Stadt	**Theodor Storm** *Abseits* * **Georg Trakl** *An die Verstummten* **Ernst Stadler** *Vorfrühling* **Ernst Stadler** *Fahrt über die Kölner Rheinbrücke bei Nacht*
Krieg	**Georg Heym** *Der Krieg* * **Alfred Lichtenstein** *Abschied* **Ernst Stadler** *Sterben*
Kindheit/Schule	**Rainer Maria Rilke** *Kindheit* **Günter Grass** *Kinderlied* *
Massenmedien/ Werbung	**Hans Magnus Enzensberger** *Bildzeitung* **Rolf Haufs** *Jeden Tag*

5. Die Grundbegriffe der Poetik

Absolute Poesie

Dichtung ohne konkreten Realitätsbezug, die sprachlichen Bilder werden zu einer eigenen Wirklichkeit zusammengesetzt; Sprache, Klang und Rhythmus werden ihrer selbst wegen gepflegt (*l'art pour l'art*); verwirklicht bei Baudelaire, Mallarmé, Rimbaud

Akzent

(lat. Zugesang)

Hervorhebung durch besondere Betonung (Erhöhung der Tonstärke); **Versakzent** wird durch die Anzahl der → Hebungen und → Senkungen in einem Vers bestimmt, die Hebungen ermittelt man durch die natürliche Betonung eines Wortes. **Wortakzent** richtet sich nach der Stammsilbe (z. B.: geben). **Satzakzent** wird bestimmt durch die Aussageabsicht. Das, was besonders betont werden soll, steht am Anfang oder am Ende des Satzes.

Alexandriner

Reimvers mit sechshebigem → Jambus, der nach der dritten → Hebung eine deutliche → Zäsur aufweist

Beispiel: *Du siehst, wohin du siehst nur Eitelkeit auf Erden*
(Gryphius *Es ist alles eitel*, V. 1)
| ∪ – | ∪ – | ∪ – || ∪ – | ∪ – | ∪ – | ∪

Akkumulation

(lat. Anhäufung)

Anhäufung von Worten, dadurch größerer Nachdruck auf der Aussage

Beispiel: *Wer zählt die Völker, nennt die Namen*
Die gastlich hier zusammenkamen?
Von Theseus' Stadt, von Aulis Strand,
Von Phokis, vom Spartanerland,
Von Asiens entlegner Küste,
Von allen Inseln kamen sie
(Schiller, *Die Kraniche des Ibykus*)

Alkäische Strophe

Vierzeilige, aus zwei elfsilbigen Versen, einem neun- und einem zehnsilbigen Vers bestehende antike Strophenform, benannt nach dem griechischen Dichter Alkaios; die alkäische Strophe besteht aus Jamben, Trochäen und Daktylen, die folgendermaßen angeordnet sind:

◡ – ◡ – ◡ – ◡◡ – ◡–
◡ – ◡ – ◡ – ◡◡ – ◡–
◡ – ◡ – ◡ – ◡ – ◡
– ◡◡ – ◡◡ – ◡ – ◡

Beispiel: *Willkommen dann, o Stille der Schattenwelt!*
Zufrieden bin ich, wenn auch mein Saitenspiel
Mich nicht hinabgeleitet; einmal
Lebt' ich wie Götter, und mehr bedarf 's nicht
(Hölderlin, *An die Parzen*)

Allegorie

(gr. *bildliche Redeweise*)
Bildhaft-konkrete Darstellung von etwas Abstraktem, Allegorie ist das, was sie meint (Unterschied zum → Symbol)
Beispiel: Greis, der Alter darstellt

Alliteration (Stabreim)

(aus lat. *hinzu*+Buchstabe)
gleicher Anlaut der Stammsilbe
Beispiel: *wiegende Welle*

Alternation

(lat. *abwechseln*)
Regelmäßiger Wechsel von einsilbiger → Hebung und einsilbiger → Senkung
Beispiel: *Fest gemauert in der Erden*
Steht die Form aus Lehm gebrannt
(Schiller, *Das Lied von der Glocke*)

Anadiplose

(gr. *Verdoppelung*)
Verstärkende Wiederholung des letzten Wortes oder von Teilen des letzten Satzes zu Beginn eines folgenden Satzes oder Verses
Beispiel: *Ein Mann wohnt im Haus der spielt mit den Schlangen der schreibt der schreibt wenn es dunkelt nach Deutschland dein goldenes Haar Margarete*
(Celan, *Todesfuge*, V. 5 f.)

Anapäst

(aus gr. *Zurückschlagen*)

Dreisilbiger → Versfuß, der aus zwei kurzen (unbetonten) Silben und einer langen (betonten) Silbe besteht

Beispiel: *Anapäst*

∪ ∪ –

Anapher

(gr. Beziehung)

Wiederholung desselben Wortes oder derselben Wortgruppe am Anfang von aufeinander folgenden Sätzen oder Satzgliedern

Beispiel: *Ist sie dann gleichwol was / wem ist jhr Thun bewust? /*
Ist sie auch gut vnd recht/wie bringt sie böse Lust?
(Opitz, *Francisci Petrarchae*)

Anrede

Formulierung, die sich an Leser wendet

Anspielung

halb versteckte Andeutung

Antithetik

(aus lat. *gegen+Behauptung*)

Gegenüberstellung von Begriffen oder Inhalten

Beispiel: *Ist Liebe lauter nichts / wie dass sie mich entzündet?*
(Opitz, *Francisci Petrarchae*)

Apodiktische Aussagen

(gr. *Nachweis, Beweis*)

Keinen Widerpruch duldende Aussagen

Apostrophe

(gr. *Ablenkung*)

Abwendung vom Leser

Beispiel: *Fest gemauert in der Erden*
Steht die Form, aus Lehm gebrannt.
Heute muss die Glocke werden,
Frisch, Gesellen, seid zur Hand.
(Schiller, *Das Lied von der Glocke*)

Archaisierung

(gr. *Anfang*)

Benutzung altertümlicher Wörter

Beispiel: *sintemal* (für da)

Asklepiadische Strophe

Antike vierzeilige Strophenform, benannt nach dem Dichter Asklepiades, mit der folgenden Struktur:

– ∪ – ∪∪ – – ∪∪ – ∪ –
– ∪ – ∪∪ – – ∪∪ – ∪ –
– ∪ – ∪∪ – ∪
– ∪ – ∪∪ – ∪ –

Beispiel: *Schön ist, Mutter Natur, deiner Erfindung Pracht*
Auf die Fluren verstreut, schöner ein froh Gesicht,
Das den großen Gedanken
Deiner Schöpfung noch einmal denkt
(Klopstock, *Der Zürchersee*)

Assonanz

(gr. *gleich tönend*)
Halbreim durch Gleichklang der Vokale
Beispiel: *Ich weis nicht was ich wil/ich wil nicht was ich weis*
(Opitz, *Francisci Petrarchae*)

Asyndeton

(gr. *unverbunden*)
Reihung von Sätzen oder Satzgliedern ohne Konjunktion
Beispiel: *Jtzt Blumen / morgen Koth / wir sind ein Wind / ein Schaum/*
Ein Nebel und ein Bach / ein Reiff / ein Thau' / ein Schatten.
(Gryphius, *Thränen in schwerer Krankheit. Anno 1640*)

Attribute

(lat. *Eigenschaft*)
Beifügung zur genaueren Bestimmung der Eigenschaft
Beispiel: *(...) ich sitz in tausend Schmertzen*
(Gryphius, *Thränen in schwerer Krankheit. Anno 1640*)

Auftakt

Unbetonte, der ersten Hebung vorangehende Silbe(n) am Versanfang
Beispiel: *Mir ist ich weiß nicht wie / ich seufftze für und für.*
(Gryphius, *Thränen in schwerer Krankheit. Anno 1640*)

Aufzählungen

(→ Trias)
Häufung von Begriffen oder Ausdrücken
Beispiel: s. Beispiel unter *Asyndeton*

Ausruf

Ausrufungssatz

Beispiel: *Der edle Mensch*
Sei hilfreich und gut!
(Goethe, *Das Göttliche*)

Binnenreim

→ Reimformen

Bänkelsang

Im 17. Jh. von umherziehenden Schaustellern zu Drehorgelmusik vorgetragene Geschichten, mit spannend-schauerlichem und lehrhaftem Inhalt (→ Moritat). Die Bezeichnung kommt von der Holzbank, von der aus diese Geschichten vorgetragen wurden.

Ballade

(ital. *Tanzlied*)

Ursprünglich ein zum Tanzen gesungenes Lied, heute versteht man darunter eine knapp skizzierende Erzählung in Strophenform, die ein geheimnisvolles, außergewöhnliches Ereignis mit meist tragischem Ende aus der Geschichte, der Sage, der Legende oder aus dem zeitgenössischen Geschehen thematisiert. Die Spannung wird im Schluss, der Pointe, aufgelöst. Man unterscheidet Volksballaden, die als einfache Erzählungen mündlich tradiert wurden, und Kunstballaden, die von einem Dichter gestaltet werden und meist einen kunstvollen Aufbau besitzen.

Beispiel: Schiller, *Der Ring des Polykrates*, Goethe, *Der Zauberlehrling*

Bild

Sprachliche Form des anschaulichen, aber uneigentlichen Sprechens, d. h., der sprachliche Ausdruck meint nicht das Bild, sondern etwas anderes.

Beispiel: *Hektor ist stark wie ein Löwe.* Das sprachliche Bild kann verschiedene Formen haben, z. B. → Allegorie, → Chiffre, → Emblem, → Metapher, → Personifizierung, → Symbol, → Synekdoche, → Vergleich.

Bilderlyrik

Gedichte, bei denen die grafische Anordnung des Textes eine bildliche Ergänzung zum Inhalt ist

Beispiel:

Wörter
Meine Fallschirme
Mit euch
springe
ich
ab
Ich fürchte nicht die Tiefe
Wer euch richtig
öffnet
schwebt
(Bienek, *Wörter*)

Blankvers

reimloser, fünfhebiger → Jambus

Beispiel: *Es eifre jeder seiner unbestochnen,*
Von Vorurteilen freien Liebe nach!
(Lessing, *Nathan*)

Chevy-Chase-Strophe

(engl. *Jagd auf den Cheviotbergen*)

Strophenform der englischen Volksballade (15. Jh.) mit folgendem Aufbau:

∪ – ∪ – ∪ – ∪ –
∪ – ∪ – ∪ –
∪ – ∪ – ∪ – ∪ –
∪ – ∪ – ∪ –

Charakteristisch ist besonders die männliche Kadenz aller Verse.

Beispiel: *Der Weltraum fernt mich weit von dir,*
So fernt mich nicht die Zeit.
Wer überlebt das siebzigste
Schon hat, ist nah bei dir.
(Klopstock, *Das Wiedersehen*)

Chiasmus

(Name von Gestalt des gr. Buchstaben χ)

Überkreuzung von Satzgliedern oder Wortgruppen, die sich inhaltlich oder formal entsprechen

Beispiel: *Die Kunst ist lang und kurz ist unser Leben*
(Goethe, *Faust*)

Chiffre

(frz. *Zahl, Ziffer*)

Dabei handelt es sich um ein Sprach- oder Bildsymbol, das verkürzt auf einen komplexen Zusammenhang, der meist aus dem Kontext erschlossen werden muss, verweist.

Beispiel: *Stadt* (Trakl, *An die Verstummten*)

Daktylus

(gr. *Finger*)

Dreisilbiger → Versfuß, der aus einer langen (betonten) Silbe und zwei kurzen (unbetonten) Silben besteht

Beispiel: *Daktylus*
– ∪ ∪

Diminutive

(lat. *Verkleinerung*)

Verkleinerungsform eines Nomens durch Anhängung von -chen

Beispiel: *Kindchen*

Dinggedicht

distanzierte, „objektive" Beschreibung von Dingen durch ein ganz aus dem Gedicht zurückgezogenes lyrisches Ich

Beispiel: Heym, *Der Krieg*

Dingsymbol

(gr. *Kennzeichen, Merkmal*)

Gegenstand mit übertragener Bedeutung und Leitmotivcharakter (→ Symbol)

Beispiel: die Glocke in Schillers *Das Lied von der Glocke*

Distichon (Plural: Distichen)

(gr. *Doppelvers*)

Antike Strophenform, die aus einem → Hexameter und einem → Pentameter besteht

Beispiel: *Im Hexameter steigt des Springquells flüssige Säule,*
Im Pentameter drauf fällt sie melodisch herab
(Schiller, *Das Distichon*)

Elegie

(vielleicht von gr. *Flöte*)

Ursprünglich Bezeichnung für ein in → Distichen abgefasstes Gedicht; später als Bezeichnung für Klagegedicht

Beispiel: Zuckmayer, *Elegie von Abschied und Wiederkehr*

Ellipse

(gr. *Auslassung*)

Auslassung eines Wortes/Satzgliedes in einem Satz

Beispiel: *Jtzt Blumen / morgen Koth / wir sind ein Wind / ein Schaum*
(Gryphius, *Thränen in schwerer Krankheit. Anno 1640*)

Emblem

(gr. *Einlegearbeit*)

Kunstform, entstanden im Barock, die in einer Dreiteilung in Überschrift, Bild und erläuternden Text die symbolische Darstellung eines Sachverhaltes unternimmt

Endreim

Gleichklang einer oder mehrerer Silben von der letzten Hebung an

Beispiel: *Ich weine Tag und Nacht / ich sitz in tausend Schmertzen;*
Und tausend fürcht ich noch / die Krafft in meinem Hertzen
(Gryphius, *Thränen in schwerer Krankheit. Anno 1640*)

Enjambement

(frz. *Überschreitung*)

Zeilensprung, Vers- und Satzende stimmen nicht überein, dadurch besondere Hervorhebung des Inhalts, Zeichen von Zusammenordnung / Zusammengehörigkeit, Steigerung der Dynamik

Beispiel: *du solltest dich einrichten, denn*
wer sagte,
man müsse das Leben tapfer durchleben?
(Szymborska, *Werbeprospekt*)

Epigramm

(gr. *Aufschrift*)

Sinngedicht, meist als Zweizeiler, das einen Gedanken treffend formuliert (Kurzform der → Gedankenlyrik)

Beispiel: *Spruch, Widerspruch: Ihr müsst mich nicht durch Widerspruch verwirren!*
Sobald man spricht, beginnt man schon zu irren.
(Goethe, *Epigrammatisch*)

Epipher

(gr. *Zugabe*)

Wiederholung desselben Wortes oder derselben Wortgruppe am Ende aufeinander folgender Satzglieder oder Sätze

Beispiel: *(nächste Seite)*

Ich sah auf dich und weinte nicht. Der Schmerz
Schlug meine Zähne knirschend auseinander;
Ich weinte nicht. (...)
(Schiller, *Don Carlos*)

Erlebnislyrik

Überholter Begriff für ein Gedicht, in dem ein lyrisches Ich Stimmungen und Gefühle ausdrückt; diese Stimmungen beeinflussen die äußere Wahrnehmung

Beispiel: Eichendorff, *Mondnacht*

Erweiterter Reim

Gleichklang von Wörtern zweier oder mehr Verse, der schon vor der letzten Hebung einsetzt

Beispiel: *Freude dem Sterblichen,*
den die verderblichen,
schleichenden, erblichen
Mängel umwandeln.
(Goethe, *Faust*)

Euphemismus

(gr. *Worte von guter Vorbedeutung sprechen*)
positive Umschreibung negativer Sachverhalte, dadurch Verschleierung der Realität, Beschwichtigung

Beispiel: *Freisetzung von Arbeitskräften für Entlassung*

Erzählgedicht

→ Ballade

Farbsymbol

(Farbe + gr. *Kennzeichen, Merkmal*)
Konkrete Zeichen, in diesem Falle Farben, die auf abstrakten Inhalt hindeuten. Beispiele für Farbsymbole und ihre gängigen Bedeutungen:

- **braun**: Farbe des Bodens, mütterliche Farbe, im Mittelalter Symbol der Demut; auch als Farbe der Nationalsozialisten
- **blau**: Farbe der Unendlichkeit, Sehnsucht, Treue und Verlässlichkeit, auch als Trauerfarbe und Farbe des Bösen
- **gelb**: Fruchtbarkeit, Sinnlichkeit, auch negativ als Farbe der Ausgestoßenen, Farbe des Neides
- **grün**: Farbe der Hoffnung, des aufbrechenden Lebens, der Liebe, auch negativ als Farbe des Todes
- **weiß**: Farbe der Reinheit, der Unschuld, auch als Farbe der Trauer

- **rot**: Farbe des Lebens, der Liebe, auch für Kampf, Gefahr, Blut; in der Bibel auch für Sünde
- **violett**: Treue, auch Buße
- **schwarz**: Farbe des Unglücks, der Trauer, des Bösen

Figurengedicht

→ Bilderlyrik

Freie Rhythmen

Gedicht, bei dem feste metrische Formen, Reime, gleiche Vers- oder Strophenlänge aufgegeben werden, rhythmisch zumeist stark gegliedert (Unterschied zur Alltagssprache des → Prosavers)

Beispiel: Goethe *Prometheus, Gesang der Geister über den Wassern*

Freie Verse

Gedicht, das wie → freie Rhythmen unterschiedliche Verslängen aufweist; im Gegensatz zu → freie Rhythmen mit Reim und metrischem Schema

Beispiel: *Als mich mein Traum verschlug,*
Fand ich mich wandern im schönsten Nachmittag
Den Hügel nieder, der schwebte und mit Flügeln schlug.
Zu meinen Füßen lag
Das Land in goldenem Staat,
Das Land in Schwaden rauschend der gereiften Saat.
(Werfel, *Der Ritt*)

Gattung

Bezeichnung für die *Naturformen der Poesie* (Goethe), Lyrik, Drama, Epik, die sich auch gegenseitig durchdringen können; der Begriff *Gattung* wurde in neuerer Zeit durch *Textsorte* ersetzt.

Gedankenlyrik

Gedicht, in dem philosophische oder theologische Gedanken gestaltet werden

Beispiel: → Epigramm

Ghasel

(arab. Gespinst)

Orientalische Gedichtform, bei der der erste Vers des Gedichtes das Reimwort für alle geraden Verse vorgibt; die ungeraden Verse bleiben reimlos.

Beispiel: *Der Strom, der neben mir verrauschte, wo ist er nun?*
Der Vogel, dessen Lied ich lauschte, wo ist er nun?
Wo ist die Rose, die die Freundin am Herzen trug,

Und jener Kuss, der mich berauschte, wo ist er nun?
Und jener Mensch, der ich gewesen, und den ich längst
Mit einem andern Ich vertauschte, wo ist er nun?
(Platen)

Gleichnis

Erweiterter Vergleich, bei dem ein *tertium comparationis* – ein Vergleichspunkt – die Verbindung zwischen Bild- und Sachhälfte herstellt

Beispiel: Goethe, *Gesang der Geister über den Wassern*

Groteske

Verbindung von Unvereinbarem, dadurch Erheiterung, Wecken von Interesse, eventuell auch Entsetzen

Beispiel: Dürrenmatt, *Die Physiker*

Haiku

(jap. *Kettengedicht*)

Kürzeste japanische Dichtform, bestehend aus drei Versen mit insgesamt 17 Silben nach dem Schema fünf Silben (1. Vers), sieben Silben (2. Vers), fünf Silben (3. Vers)

Beispiel: *Der uralte Teich*
Von dem Laubfroschsprung erzeugt:
Wasser-plitsch-platsch-laut.
(Baschô)

Oder auch:
Lernen musst du heut.
Wenn du Bange-Bücher nimmst
Geht es wie von selbst.

Hebung

Bezeichnung für die betonte Silbe im Vers, Kennzeichnung z. B. mit – oder mit x́

Hendiadyoin

(gr. *eins durch zwei*)

Ausdruck eines Sachverhaltes durch zwei gleichbedeutende Substantive oder Verben

Beispiel: *Rauch und Dunst* (Gryphius, *An sich selbst*)

Hexameter

(gr. *sechs* und *Maß*)

Antiker Vers, der aus sechs Versfüßen besteht und meist mit Daktylen gefüllt ist

Beispiel: *Sing, unsterbliche Seele, der sündigen Menschen Erlösung,*
Die der Messias auf Erden in seiner Menschheit vollendet
(Klopstock, *Messias*)

Hochwertwörter (auch religiöse Sprache)

Verwendung von Wörtern mit hohem moralischen oder religiösen Anspruch

Beispiel: *Treue, Standhaftigkeit, Heiligkeit*; Feierlichkeit und Ernsthaftigkeit der Aussage werden unterstrichen.

Humor

(lat. *Körpersaft*)

Haltung, die auch noch in widrigen Lebensumständen versöhnlich gestimmt ist und das Liebenswerte in der Unzulänglichkeit zu erkennen sucht; Gegensatz zum versöhnlichen Humor ist der *schwarze Humor* mit zynisch-pessimistischer Konfrontation.

Hymne

(gr. *Festgesang*)

Loblied auf Helden oder mit religiösem Inhalt, festlicher Grundton, nicht auf ein bestimmtes metrisches Schema festgelegt

Beispiel: Goethe, *Ganymed*

Hyperbel

(gr. *Darüberhinauswerfen*)

Übertreibung

Beispiel: *Mir ist ich weiß nicht wie / ich seufftze für und für.*
Ich weine Tag und Nacht / ich sitz in tausend Schmertzen
(Gryphius, *Thränen in schwerer Krankheit. Anno 1640*)

Hypotaxe

(gr. *Unterordnung*)

Fügung aus Haupt- und Nebensatz

Beispiel: *Wenn ich, von deinem Anschaun tief gestillt,*
mich stumm an deinem heil'gen Wert vergnüge,
dann hör' ich recht die leisen Atemzüge
des Engels, welcher sich in dir verhüllt
(Mörike, *An die Geliebte*)

Ideologiesprache

(gr. *Lehre von den Ideen*)

Begriffe, die von einer politischen Weltanschauung bestimmt sind

Beispiel: *Gingen wir doch, öfter als die Schuhe die Länder wechselnd*
Durch die Kriege der Klassen, verzweifelt
Wenn da nur Unrecht war und keine Empörung.
(Brecht, *An die Nachgeborenen*)

Inversion

(lat. *Umstellung*)

Umkehr der gewöhnlichen Wortfolge, meist Subjekt nach Prädikat, Herausstellung
bedeutungstragender Wörter, Erhöhung der Eindringlichkeit

Beispiel: *Fällt hin der Mann* (Haufs, *Jeden Tag*)

Ironie

(gr. *Verstellung, Vorwand*)

Unwahre Behauptung, die das Gegenteil von dem meint, was sie ausdrückt

Beispiel: *Das ist aber ein schönes Wetter* (bei Regen).

Jambus

(gr. *schleudern*)

Zweisilbiger → Versfuß, der aus einer kurzen (unbetonten) und einer langen (betonten) Silbe besteht

Beispiel: *Es eifre jeder seiner unbestochnen,*
Von Vorurteilen freien Liebe nach!
(Lessing, *Nathan*)

Kadenz

(zu lat. *fallen*)

Form des Versendes, einsilbig (stumpfe oder männliche Kadenz) oder zweisilbig (klingende oder weibliche Kadenz)

Beispiel:

- männliche Kadenz:
  Acht Pfennige, das war das ganze Geld.
  Ich scharrt' ihn ein auf selbigem Feld
  (Chamisso, *Die Sonne bringt es an den Tag*)

- weibliche Kadenz:
  Ein Fluch dem König, dem König der Reichen,
  Den unser Elend nicht konnt erweichen
  (Heine, *Die schlesischen Weber*)

Kehrreim

→ Refrain

Kinderlied

Für Kinder gedachtes Lied, das sich durch kurze, einfache Strophen und eingängige Reime auszeichnet; diese Form ist besonders in der Romantik und im Biedermeier beliebt.

Klapphornvers

Form des → Nonsens-Gedichts; Parodie auf ein Gedicht von Friedrich Daniel:

Zwei Knaben gingen durch das Korn,
Der andere blies das Klappenhorn.
Er konnt es zwar nicht ordentlich blasen,
Doch blies er's wenigstens einigermaßen.

Parodie behält zumeist den ersten Vers und die Reimwörter bei.

Klimax

(gr. *Leiter*)

Steigernde Aufzählung vom schwächeren zum stärkeren Begriff (Gegenteil: Antiklimax)

Beispiel: *Er kam, sah, siegte.*

Knittelvers

Paarweise gereimter Vierheber, beliebt vor allem in volkstümlichen Versen oder in Kinderliedern; freie Knittelverse weisen unregelmäßige Füllung der Senkungen auf, strenge Knittelverse füllen die Senkung nur mit einer Silbe.

Beispiel: *Da steh ich nun ich armer Tor,*
Und bin so klug als wie zuvor!
Heiße Magister, heiße Doktor gar,
Und ziehe schon an die zehen Jahr'
Herauf, herab und quer und krumm
Meine Schüler an der Nase herum –
Und sehe, dass wir nichts wissen können!
Das will mir schier das Herz verbrennen.
(Goethe, *Faust*)

Kolon

(gr. körpergliedartiges Gebilde)

Wort oder Wortgruppe als Sprecheinheit, bedingt durch Atempause oder Wechsel der Tonhöhe, nicht abhängig vom Metrum oder vom Versende

Beispiel: (die einzelnen Kola sind durch // gekennzeichnet)
Es ist so still, // die Heide liegt
Im warmen Mittagssonnenstrahle, //
Ein rosenroter Schimmer fliegt //
Um ihre alten Gräbermale; //
Die Kräuter blühn; // der Heideduft
Steigt in die blaue Sommerluft. //
(Storm, *Abseits*)

Komik

(gr. *nächtlicher Umzug*)

Der Begriff bezeichnet einen Effekt, der sich als Lächeln, Lachen oder Spott äußert und der auf dem Widerspruch zwischen angestrebtem und tatsächlichem Sinn, zwischen Schein und Sein beruht.

Konkrete Poesie

Form der modernen Lyrik, die sich der Sprache z. B. unter visuellen oder akustischen Gesichtspunkten bedient (z. B. in Form ornamentaler Anordnung)

Kreuzreim

→ Reimformen

Kunstballade

→ Ballade

Langvers

Einheit, die aus zwei Kurzversen mit 2–4 Hebungen besteht und durch einen Einschnitt voneinander getrennt ist (→ Zäsur); besonders in der germanischen und mittelhochdeutschen Dichtung; ein Langvers ist auch der im Barock beliebte Alexandriner.

Beispiel: *Uns ist in alten maeren wunders vil geseit (Nibelungenlied)*
und Opitz, *Francisci Petrarchae*

Lautmalerei

Nachahmung von Lauten mit Hilfe der zur Verfügung stehenden Wörter

Beispiel: *Es klappert die Mühle am rauschenden Bach:*
Klipp. Klapp!
(Anschütz)

Lehrhafte Dichtung

Gedicht, meist aus dem Bereich der → Gedankenlyrik, mit einem lehrhaften, moralischen, aufklärenden Inhalt

Beispiel: Gellert, *Der Tanzbär*

Leitmotiv

Gegenstand, Situation oder Formulierung, die durch Wiederholung der Charakterisierung bzw. als Strukturhilfe dienen

Beispiel: die Glocke in Schillers *Das Lied von der Glocke*

Lied

Sangbare oder tatsächlich zu einer Melodie gesungene, strophisch gegliederte und gleichmäßig aufgebaute lyrische Kurzform, besonders in der Romantik beliebt, vgl. Vertonungen von Schubert; Bezeichnung steht auch für einfache Gedichte mit besonderer Betonung des Rhythmus.

Beispiel: Goethe, *Mailied*

Limerick

(Name einer irischen Stadt)

Zählt zu → Nonsens-Gedicht; einstrophiger Fünfzeiler mit dem Reimschema aabba, Hebungszahl vorgeschrieben: 3, 3, 2, 2, 3, im letzten Vers zumeist unsinnige, groteske Wendung

Beispiel: *There was a young lady of Riga,*
Who rode with a smile on a tiger.
They returned from the ride
With the lady inside
And a smile on the face of the tiger.
(Kipling)

Litotes

(gr. *Einfachheit*)

Verneinung des Gegenteils

Beispiel: *nicht schlecht*

Lyrisches Ich

Bezeichnung für den Sprecher im Gedicht (= Erzähler in epischen Texten), darf nicht mit dem Dichter verwechselt werden, auch wenn es ihm in Stimmungen und Gedanken sehr nahe kommt

Metapher

(gr. Übertragung)

Bildhafter Ausdruck, bildhafte Unterstützung der Aussage, Verstärkung der Suggestion im Dienste von Aufwertung oder Abwertung

Beispiel: *corall der lippen* (Hofmann von Hofmannswaldau, *Vergänglichkeit der Schönheit*)

Metonymie

(aus gr. *einen anderen Namen bekommen*)

Umbenennung, indem verwandte Begriffe vertauscht werden

Beispiel: *Sie liest Kafka.*

Metrum

(gr. *Maß*)

1. Bezeichnung für kleinste Einheit im Vers (= Versfuß), mehrere Metren bilden das Versmaß
2. Bezeichnung für Versmaß, das sich nach Betonung und Dauer bestimmt und den Takt (Versfuß) als kleinste rhythmische Einheit hat. Aufgrund der natürlichen Sinnbetonung unterscheidet man die Versfüße → Jambus, → Trochäus, → Daktylus, → Anapäst.

Minnesang

Hauptform der weltlichen Lyrik des Mittelalters; als unterhaltsame Gesellschaftsdichtung (keine Erlebnislyrik) gedachte Liebesdichtung, in der höfische Ideale wie *triuwe* und *mâze* verarbeitet werden

Beispiel: Albrecht von Johansdorf, *Ich vant âne huote*

Montage

(frz. *Zusammenstellung, Aufbau*)

Ausdruck aus Film, Drama, Epik und Lyrik, der die Zusammenstellung von Teilen unterschiedlicher Herkunft zu einem neuen Sinnzusammenhang meint; Ziel: Sichtbarmachung von Zusammenhängen, Anregung zum Nachdenken

Beispiel: *Markenstecher Uhrenkleber*, aus: Markenkleber, Stechuhr, *Manitypistin Stenoküre*, aus: Stenotypistin, Maniküre (Enzensberger, *Bildzeitung*)

Moritat

Lied des Bänkelsängers zur Drehorgel, Inhalt zumeist schaurige Mordgeschichte, andere Bezeichnung für → Bänkelsang

Motiv

(lat. *bewegen*)

Beweggrund von Handlung; in der Dichtung auch als abstraktes thematisches Grundschema

Beispiel: Motiv der zwei Identitäten in Annette von Droste-Hülshoffs *Judenbuche* und *Das Spiegelbild*

Naturlyrik

Bezeichnung für Gedichte mit Beschreibungen von Naturerscheinungen
Beispiel: Goethe, *Mailied*

Neologismus

(aus gr. *neu* + Wort)
Wortneuschöpfung
Beispiel: *Knabenmorgenblütenträume* (Goethe, *Prometheus*)

Nominalstil

Übertriebener Gebrauch von Substantiven
Beispiel: *der Verkauf des Hauses des der Stadt Entflohenen*

Nonsens-Gedicht

(engl. *Unsinn*)
Gedicht, das in formaler und/oder inhaltlicher Hinsicht zwar korrekt bzw. stimmig ist, das aber keinen Sinn ergibt
Beispiel: *Kroklokwafzi? Semememi!*
Seiokrontro – prafriplo:
Bifzi, bafzi; hulalemi:
Quasti basti bo...
Lalu lalu lalu lalu la!
(Morgenstern, *Das große Lalula*)

Ode

(gr. *Gesang, Lied*)
Feierliches, meist reimloses Gedicht mit festgelegter Strophenform, das von Erhabenheit und Würde geprägt ist. Odenstrophen sind z. B. die → Alkäische Strophe, → Asklepiadische Strophe, Sapphische Strophe
Beispiel: *Schön ist, Mutter Natur, deiner Erfindung Pracht*
Auf die Fluren verstreut, schöner ein froh Gesicht,
Das den großen Gedanken
Deiner Schöpfung noch einmal denkt.
(Klopstock, *Der Zürcher See*)

Oxymoron

(aus gr. *scharf* + *dumm*)
Verbindung einander widersprechender Begriffe
Beispiel: *kalte Hitze*

Paarreim

→ Reimformen

Paradoxon

(gr. *gegen* + *Meinung, Lehre*)

Scheinwiderspruch

Beispiel: *Im Sommer ist mir kalt / im Winter ist mir heiß*
(Opitz, *Francisci Petrarcae*)

Parallelismen

(gr. *gleichlaufend*)

Wiederholung von gleichen syntaktischen Fügungen

Parataxe

(gr. *Danebenstellen*)

Aneinanderreihung von Hauptsätzen

Beispiel: *Ernst isst, Heike schläft, Klaus singt und Henriette liest.*

Parenthese

(gr. *Einschub*)

Vollständiger Satz wird in geschlossene Satzkonstruktion eingeschoben

Beispiel: *Es war früh am Morgen – die Sonne war schon aufgegangen –, als sie endlich zu Hause ankamen.*

Parodie

(gr. *Gegengesang*)

Form eines bekannten Gedichtes (oder eines anderen literarischen Werkes) wird übernommen und mit einem neuen, meist nicht zum ursprünglichen Gehalt passenden Inhalt versehen (Gegenteil ist die Travestie, bei der der ursprüngliche Inhalt in eine veränderte Form eingepasst wird.)

Beispiel: *Er stand auf seines Daches Zinnen,*
Und schaute mit vergnügten Sinnen
Auf zwei belegte Brote hin.
„Dies alles ist mir viel zu wenig",
Begann er zu Ägyptens König,
„Gestehe, dass ich hungrig bin."
(Parodie auf Schiller, *Ring des Polykrates*)

Pars pro toto

→ Synekdoche

Pentameter

(gr. *fünf* und *Maß*)

Antikes Versmaß, das, anders als der Name vermuten lässt, aus sechs Hebungen besteht (dritter und sechster Daktylus ohne Senkung), daher als verkürzter Hexameter zu betrachten.

Beispiel: Im Pentameter drauf fällt sie melodisch herab.
(Schiller, *Das Distichon*)
– ∪ – ∪∪ – // – ∪∪ – ∪∪ –

Periphrase

(aus gr. *ringsum einschließen*)
Umschreibung eines Begriffs
Beispiel: *dem großen Tröster* (für Gott)
(aus Gryphius, *An sich selbst)*

Personifizierung

(aus gr. *Person + machen*)
Vermenschlichung
Beispiel: *die müde Seele ruft*
(Gryphius, *An sich selbst*)

Pleonasmus

(aus gr. *reichlich vorhanden sein*)
Zusammenstellung von Wörtern mit ähnlicher Bedeutung
Beispiel: *weißer Schimmel*

Poesie

(gr. *machen*)
Allgemeine Bezeichnung für Dichtung; als Bezeichnung für Versdichtung steht sie im Gegensatz zur → Prosa

Pointe

(frz. *Spitze, Schärfe*)
Überraschende und effektvolle Wendung durch einen geistreichen Schlussgedanken

politische Lyrik

Gedichte, die politische Themen zum Inhalt haben. Ziel: Schärfung des Bewusstseins, der Kritikfähigkeit, auch politische Beeinflussung des Lesers
Beispiel: Brecht, *An die Nachgeborenen*

Polysyndeton

(aus gr. *viel + verbunden*)
Verbindung einzelner Wörter oder Satzglieder mit der gleichen Konjunktion
Beispiel: *Die Zeitung und das Fernsehen und das Radio und das Internet sind wichtige Informationsquellen.*

Prosa

(lat. *geradeaus gehende Rede*)

Nicht durch Reim oder Metrum gebundene Redeweise, Gegensatz zur → Poesie im engeren Sinne

Beispiel: → Prosa-Gedicht

Prosa-Gedicht

Lyrische Bearbeitung eines Stoffes, ohne Endreim oder exaktes Metrum, ohne besonders betonten Rhythmus (Mitte zwischen rhythmischer Prosa und → freien Rhythmen)

Beispiel: *Das kleine Haus unter Bäumen am See.*
Vom Dach steigt Rauch.
Fehlte er,
Wie trostlos dann wären
Haus, Bäume und See.
(Brecht, *Der Rauch*)

Refrain

(provenz. *regelmäßiges Sichbrechen der Wellen an Klippen*)

Wörtliche oder leicht veränderte Wiederholung eines Textteils in einem Gedicht oder einem Lied

Beispiel: *Röslein, Röslein Röslein rot,*
Röslein auf der Heiden.
(Goethe, *Heidenröslein*)

Reim

Gleichklang zweier oder mehrerer Wörter vom letzten betonten Vokal an

Beispiel: *Die Mitternacht zog näher schon;*
In stummer Ruh lag Babylon.
(Heine, *Belsazar*)

Reimformen

Binnenreim: Reimwörter innerhalb einer Verszeile

Beispiel: *Vom Himmel kommt es,*
Zum Himmel steigt es,
Und <u>wieder</u> <u>nieder</u>
Zur Erde muss es
Ewig wechselnd.
(Goethe, *Gesang der Geister über den Wassern*)

Kreuzreim: abab

Beispiel: (*nächste Seite*)

Ich vant âne huote
die vil minneclîchen eine stân.
sâ dô sprach diu guote,
‚waz welt ir sô eine her gegân?'
(Albrecht von Johansdorf, *Ich vant âne huote*)

Paarreim: aabb
Beispiel: *Nur oben in des Königs Schloss,*
Da flackert's, da lärmt des Königs Tross.
(Heine, *Belsazar*)

Umschließender Reim: abba
Beispiel: *Sooft der Mond mag scheinen,*
Gedenk' ich dein allein,
Mein Herz ist klar und rein,
Gott wolle uns vereinen!
(Brentano, *Der Spinnerin Lied*)

Schweifreim: aabccb
Beispiel: *Als mitten in dem Feld mich / HErr / der Todt ergriff /*
Der hinter mir in Sturm / vor mir in Flammen lieff /
Vor mir die Bahn verfällt / und über mir die Hütten
In leichte Splitter stieß. Doch lebt ich / HErr / durch dich /
Mir selber war ich todt / dein Engel wacht um mich /
Stets neu gebohren wird / den GOtt wil stets begütten.
(Gryphius, *Auf das grausame Ungewitter*)

Reiner Reim
Reimsilben zweier Verse sind vollkommen identisch
Beispiel: *verwesen, erlesen*

Rhetorische Fragen
(gr. *die Redekunst betreffend*)
Uneigentliche Fragen, die Zustimmung oder Ablehnung implizieren
Beispiel: *Ist damit nicht alles in bester Ordnung?*

Rhythmus
(zu gr. *fließen*)
Harmonische Sprachbewegung, die aus dem Metrum und der dem natürlichen Sinn folgenden Betonung resultiert

Rollengedicht

Lyrisches Ich spricht aus einer bestimmten Rolle heraus, die meist durch den Titel definiert wird

Beispiel: Goethe, *Prometheus*, Bürger, *Der Bauer*

Romanze

Romanisches Gegenstück zur → Ballade

Beispiel: Heine, *Romanzero*

Romanzenstrophe

In altspanischer Dichtung: achthebiger, trochäischer Vierzeiler mit Mittelzäsur und Assonanz; in neuerer spanischer Lyrik vierhebiger, reimloser Vierzeiler mit Trochäen; in deutscher Poesie meist mit Kreuzreim und wechselnden Kadenzen

Beispiel:
Reich gezieret mit Geschenken
Seiner schönen Lindaraja,
Reiset ab der tapfre Gaul,
Geht nach Gelves zum Turniere.

Mit sich führet er vier Pferde,
Reich bedeckt mit goldnen Decken,
Wo sich tausendmal der Name
Bencerraja schlingt in Golde.
(Herder, *Gazul und Zaida*)

Rührender Reim

Gleichklang zweier oder mehrer Wörter vom letzten betonten Vokal an, der auch die davor stehenden Konsonanten einschließt

Beispiel: *schwirrt es / Wirtes*

Satire

(lat. *mit verschiedenen Früchten gefüllte Opferschale*)

Keine Gattung, sondern eine Haltung, die mit allen literarischen Gattungen eine Verbindung eingehen kann. Kennzeichen: spöttische Haltung, die kritisiert und dadurch eine Verbesserung der Zustände erreichen will.

Beispiel:
Einst haben die Kerls auf den Bäumen gehockt,
behaart und mit böser Visage.
Dann hat man sie aus dem Urwald gelockt
Und die Welt asphaltiert und aufgestockt,
bis zur dreißigsten Etage.
Da saßen sie nun, den Flöhen entflohn,
in zentralgeheizten Räumen.
Da sitzen sie nun am Telefon

Und es herrscht noch genau derselbe Ton
Wie seinerzeit auf den Bäumen.
(Kästner, *Die Entwicklung der Menschheit*)

Scherzgedicht

→ Nonsens-Gedicht

Schüttelreim

Reimspiel durch Vertauschung der anlautenden Konsonanten der Reimsilben

Beispiel: *Karl geht es heute richtig schlecht // Er gab mir vorhin sogar Recht.*

Schweifreim

→ Reimformen

Senkung

Unbetonte Silbe im Gegensatz zur betonten Silbe (→ Hebung). Kennzeichnung z. B. mit ∪ oder x

Sinnbild

Deutsches Wort für → Symbol bzw. → Emblem

Sinngedicht

Deutsches Wort für → Epigramm

Sonett

(zu ital. *Ton, Klang*)

Streng aufgebaute Gedichtform, bestehend aus zwei Quartetten und zwei Terzetten

Beispiel: Gryphius, *Thränen in schwerer Krankheit. Anno 1640*

Stabreim

→ Alliteration

Stanze

(ital. *Zimmer*)

Strophenform aus fünfhebigen jambischen Achtzeilern mit abwechselnd männlicher und weiblicher Kadenz und festgelegtem Reimschema: ab ab ab cc

Beispiel: *Ihr naht euch wieder, schwankende Gestalten,*
Die früh sich einst dem trüben Blick gezeigt.
Versuch' ich wohl, euch diesmal festzuhalten?

Fühl' ich mein Herz noch jenem Wahn geneigt?
Ihr drängt euch zu! nun gut, so mögt ihr walten,
Wie ihr aus Dunst und Nebel um mich steigt;
Mein Busen fühlt sich jugendlich erschüttert
Vom Zauberhauch, der euren Zug umwittert.
(Goethe, *Faust I, Zueignung*)

Stil
(lat. *Griffel*)
Besondere Eigenart einer künstlerischen Darstellung

Stimmungslyrik
→ Erlebnislyrik

Strophe
(gr. *Wendung*)
Verbindung mehrerer Verse zu einer Sinneinheit als (auch optisches) Gliederungselement eines Gedichtes
Beispiel: *Zum Frühstück Meister Nikolas;*
Die junge Hausfrau schenkt' ihm ein,
Es war im heitern Sonnenschein. –
Die Sonne bringt es an den Tag.

Die Sonne blinkt von der Schale Rand,
Malt zitternde Kringeln an die Wand;
Und wie den Schein er ins Auge fasst,
So spricht er für sich, indem er erblasst:
„Du bringst es doch nicht an den Tag."
(Chamisso, *Die Sonne bringt es an den Tag*)

Superlativ
(lat. *überragend*)
Höchststufe bei der Komparation des Adjektivs
Beispiel: *die einsamsten Lebewesen*

Symbol
(gr. *Kennzeichen, Merkmal*)
Konkrete Zeichen, die auf abstrakten Inhalt hindeuten
Beispiel: Herz als Symbol für Liebe

Synästhesie
(aus gr. *zusammen* + *Wahrnehmung*)
Vermischung verschiedener Sinneswahrnehmungen

Beispiel: *Betäubt kehr' ich den Blick nach oben hin,*
zum Himmel auf – da lächeln alle Sterne;
ich kniee, ihrem Lichtgesang zu lauschen.
(Mörike, *An die Geliebte*)

Synekdoche

(gr. *andeutend*)
Engerer Begriff steht für weiteren Begriff, ein Teil steht für das Ganze (*pars pro toto*)
Beispiel: *der Mensch für die Menschheit*

Takt

→ Metrum

Tautologie

(gr. *dasselbe* + *Wort*)
Ausdruck eines Sachverhaltes durch zwei sinnverwandte Wörter
Beispiel: *gut vnd recht*
(Opitz, *Francisci Petrarchae*)

Terzine

Kettenreim (aba bcb cdc ded usw.), bestehend aus fünffüßigen Jamben
Beispiel: *Wir sind aus solchen Zeug wie das zu Träumen,*
und Träume schlagen so die Augen auf
Wie kleine Kinder unter Kirschenbäumen,

Aus deren Krone den blassgoldnen Lauf
Der Vollmond anhebt durch die große Nacht.
... Nicht anders tauchen unsre Träume auf.
(von Hofmannsthal, *Über die Vergänglichkeit III*)

Trias

(gr./lat. *Dreiheit*)
Drei-Wort-Häufung
Beispiel: *(...) schön besudelt mit Strafzetteln,*
Schweiß, atomarem Dreck: (...)
(Enzensberger, *Bildzeitung*)

Trochäus

(gr. *laufen*)
Zweisilbiger Versfuß, der aus einer langen (betonten) und einer kurzen (unbetonten) Silbe besteht
Beispiel: *Mauer* (– ∪), *Leben* (– ∪)

Umgangssprachliche Wendungen

Worte aus der gesprochenen Sprache

Beispiel: *Fällt hin der Mann. Steht auf*
Kriegt Fresse voll. Ein Fotograf macht Geld
Mit seinem Blut. (...)
(Haufs, *Jeden Tag*)

Umschließender Reim

→ Reimformen

Unreiner Reim

Reimsilben zweier Verse sind ähnlich, aber nicht identisch

Beispiel: *spannte/Lande*

Verbalstil

Art des Schreibens, bei der zahlreiche bedeutungstragende Verben vorkommen

Beispiel: *Drüben versinkt dir die Geliebte im Sand,*
er steigt um ihr wehendes Haar,
er fällt ihr ins Wort,
er befiehlt ihr zu schweigen,
er findet sie sterblich
und willig dem Abschied
nach jeder Umarmung.
Sieh dich nicht um.
(Bachmann, *Die gestundete Zeit*)

Vergleich

Verbindung zweier Bereiche mittels eines Vergleichspunkts (*tertium comparationis*), zumeist mit dem Vergleichswort wie

Beispiel: *Er ist so stark <u>wie</u> ein Löwe.*

Vers

(lat. *Reihe, Zeile, Umwendung*)

Gegliederte, poetisch gestaltete Wortfolge (Gegensatz: *Prosa*)

Beispiel: *Gemächlich in der Werkstatt saß*
Zum Frühstück Meister Nikolas;
Die junge Hausfrau schenkt' ihm ein,
Es war im heitern Sonnenschein. –
Die Sonne bringt es an den Tag.
(Chamisso, *Die Sonne bringt es an den Tag*)

Versfuß

→ Metrum

Versmaß

→ Metrum

Volksballade

Mündlich überlieferte → Ballade mit meist einfachem Satz- und Strophenbau

Beispiel: Goethe, *Es war ein König in Thule*

Volkslied

Gereimtes Lied, das auf unbekannten Verfasser zurückgeht und eine große Popularität besitzt

Beispiel: Arnim/Brentano, *Des Knaben Wunderhorn*

Volksliedstrophe

Vierzeiler mit Kreuzreim, meist dreihebige Jamben mit abwechselnd männlicher und weiblicher Kadenz; meist allgemeinmenschliche Inhalte wie Schmerz, Abschied, Tanz, Tod

Beispiel: *In einem kühlen Grunde*
Da geht ein Mühlenrad
Mein Liebste ist verschwunden,
Die dort gewohnet hat.
(Eichendorff, *Das zerbrochene Ringlein*)

Waise

Reimloser Vers innerhalb eines gereimten Versgefüges

Beispiel: *Die Sonne bringt es an den Tag.*
(Chamisso, *Die Sonne bringt es an den Tag*)

Wiederholung

Begriffe oder ganze Sätze werden wortgleich mehrfach verwendet.

Beispiel: *Ich schreibe ein Gedicht.*
Ich veranstalte eine Expedition.
Ich mache mich davon
aus Antwort und Beweis.
(Weyrauch, *Mein Gedicht*)

Zäsur

(lat. *Einschnitt*)

Regelmäßig wiederkehrende Pause innerhalb eines Verses, durch die der Versfuß getrennt wird

Beispiel: *Mir ist ich weiß nicht wie / ich seufftze für und für.*
Ich weine Tag und Nacht / ich sitz in tausend Schmertzen;
(Gryphius, *Thränen in schwerer Krankheit. Anno 1640*)

Zeugma

(gr. *Fessel, Joch*)
Ungewöhnliche Verbindung zweier Satzglieder, meist durch ein gemeinsames Prädikat
Beispiel: *Sie hat ein Auto und Kopfschmerzen.*

Quellennachweis

Ausländer, Rose, *Blatt*. In:
Doppelspiel. Literarischer Verlag Braun, Köln 1977

Bachmann, Ingeborg, *Die gestundete Zeit*. In:
Sämtliche Gedichte. Piper, München 1998

Bachmann, Ingeborg, *Entfremdung*. In:
Liebe. Dunkler Erdteil. Piper, München ^{6}1997

Benn, Gotttfried, *Reisen*. In:
Wellershof, D. (Hrsg.), Gesammelte Werke. Bd. 3: Gedichte. Klett-Cotta, Stuttgart ^{10}1996

Benn, Gottfried, *Morgue I. Kleine Aster*. In:
Wellershof, D. (Hrsg.), Gesammelte Werke. Bd. 1: Gedichte. Limes, Wiesbaden 1960

Brecht, Bertolt, *An die Nachgeborenen*. In:
Knopf, J. u. a. (Hrsg.), Bertolt Brecht. Werke. Bd. 12. Aufbau, Berlin/Weimar und Suhrkamp, Frankfurt/Main 1988

Brecht, Bertolt, *Das Lied vom Rauch*. In:
Der gute Mensch von Sezuan. 28. Aufl. Suhrkamp, Berlin 1979

Brinkmann, Rolf Dieter, *Gedicht*. In:
Westwärts eins und zwei. Gedichte. Rowohlt, Reinbek 1975

Celan, Paul, *Todesfuge*. In:
Mohn und Gedächtnis. Deutsche Verlagsanstalt, Stuttgart ^{13}1994

Domin, Hilde, *Losgelöst*. In:
Gesammelte Gedichte. Fischer, Frankfurt/Main 1987

Enzensberger, Hans Magnus, *Bildzeitung*. In:
Gedichte 1950–1995. Suhrkamp, Frankfurt/Main 1996

Grass, Günter, *Kinderlied*. In:
Gedichte und Kurzprosa. Steidl, Göttingen 1997

Haufs, Rolf, *Jeden Tag*. In:
Felderland. Gedichte. Hanser, München, Wien 1986

Heine, Heinrich, *Belsazar*. In:
Briegleb, K. (Hrsg.), Sämtliche Werke in zeitlicher Folge. Insel, Frankfurt/Main und Leipzig 1993

Heym, Georg, *Die Stadt*. In:
Schneider K (Hrsg.), Dichtungen und Schriften. Gesamtausgabe. Bd. 1: Lyrik. Ellermann, Hamburg/München 1964

Heym, Georg, *Der Krieg*. In:
Ebenda

Kaschnitz, Marie Luise, *Nicht gesagt*. In:
Gedichte. Suhrkamp, Frankfurt/Main 1975

Krechel, Ursula, *Episode am Ende*. In:
Nach Mainz! Gedichte. Luchterhand, Darmstadt/Neuwied 1977

Krolow, Karl, *Neues Wesen*. In:
Alltägliche Gedichte. Suhrkamp, Frankfurt/Main 1968

Lichtenstein, Alfred, *Nebel*. In:
Pinthus, K. (Hrsg.), Menschheitsdämmerung. Ein Dokument des Expressionismus. Rowohlt, Hamburg 1959

Lichtenstein, Alfred, *Abschied*. In:
Kanzog, K. und Vollmer, H. (Hrsg.), Dichtungen. Arche, Zürich 1989

Meckel, Christoph, *Rede vom Gedicht*. In:
Ausgewählte Gedichte 1955–1978, Athenäum, Königstein/Ts. 1979

Meyer, Conrad Ferdinand, *In der Dämmerung*. In:
Sämtliche Gedichte. Reclam, Ditzingen 1978

Meyer, Conrad Ferdinand, *Schwüle*. In:
Ebenda

Mörike, Eduard, *An die Geliebte*. In:
Göpfert, H. G. (Hrsg.), Sämtliche Werke. Hanser, München 1954

Mörike, Eduard, *Er ist 's*. In:
Sämtliche Werke in zwei Bänden. Nach dem Text der Ausgaben letzter Hand unter Berücksichtigung der Erstdrucke und Handschriften. Bd. I. Artemis/Winkler Verlag, München 1967

Rilke, Rainer Maria, *Abschied*. In:
Sämtliche Werke. Bd. 1. Insel, Frankfurt/ Main 1976

Rilke, Rainer Maria, *Kindheit*. In:
Der ausgewählten Gedichte anderer Teil. Insel, Frankfurt/Main 1966

Stadler, Ernst, *Sterben*. In:
Schneider, K. (Hrsg.), Dichtungen. Gedichte und Übertragungen. Ellermann, Hamburg 1954

Stadler, Ernst, *Vorfrühling*. In:
Schneider, K. (Hrsg.), Dichtungen. Gedichte und Übertragungen. Ellermann, Hamburg 1954

Stadler, Ernst, *Form ist Wollust*. In:
Schneider, K. (Hrsg.), Dichtungen. Gedichte und Übertragungen. Ellermann, Hamburg 1954

Stadler, Ernst, *Fahrt über die Kölner Rheinbrücke bei Nacht*. In:
Rölleke, H. (Hrsg.), Der Aufbruch und ausgewählte Gedichte. Reclam, Stuttgart 1967

Storm, Theodor, *Abseits*. In:
Conrady, K. (Hrsg.), Das große deutsche Gedichtbuch. Winkler, München [4]1995

Trakl, Georg, *In ein altes Stammbuch*. In:
Killy, W., Szklenar, H. (Hrsg.), Dichtungen und Briefe. Otto Müller, Salzburg [2]1987

Trakl, Georg, *Verfall*. In:
Killy, W., Szklenar, H. (Hrsg.), Dichtungen und Briefe. Otto Müller, Salzburg [2]1987

Werfel, Franz, *Der Mensch ist stumm*. In:
Klarmann, A. (Hrsg.), Gesammelte Werke. Das lyrische Werk. S. Fischer, Frankfurt am Main 1967

Verwendete Fachliteratur

Best, Otto, *Handbuch literarischer Fachbegriffe*. Fischer, Frankfurt/Main 1990

Lurker, Manfred, *Wörterbuch der Symbolik*. Kröner, Stuttgart [5]1991

Rötzer, Hans Gerd, *Literarische Texte verstehen und interpretieren*. Bd. 2. Manz, München [2]1995

Stephan, Rudolf, *Das Fischer Lexikon Musik*. Fischer, Frankfurt/Main 1961

Wie interpretiere ich ...?

viele Zusatzinfos

regt zum selbstständigen Arbeiten an

mit vielen Beispielen

bewusste Dreiteilung der Bände zum gezielten Lernen

■ Der Bestseller !

Die Herausgeber der Buchreihe „Wie interpretiere ich ... ?" wollen zur selbstständigen Arbeit mit den im Unterricht behandelten literarischen Gattungen anregen und dazu Hilfestellung geben.

Basiswissen beinhaltet:
- grundlegende Sachinformationen zur Interpretation und Analyse
- Grundlagen zur Erstellung von Interpretationsaufsätzen
- Fragenkatalog mit ausgewählten Beispielen
- Analyseraster

Anleitungen beinhalten:
- Bausteine einer Gedichtinterpretation
- Musterbeispiele
- Selbsterarbeitung anhand praxisorientierter Beispiele

Übungen mit Lösungen beinhalten:
- konkrete, für Klausur und Abitur typische Fragen und Aufgabenstellungen zu unterrichts- und lehrplanbezogenen Texten mit Lösungen
- epochenbezogenes Kompendium

Bernd Matzkowski
Wie interpretiere ich? Basis wissen
Sek. I/II (AHS)
124 Seiten
Best.-Nr. 1417-6 **Euro 10,00 [D]**
10,30 Euro[A] / sFr. 17,60

Bernd Matzkowski
Wie interpretiere ich ein Drama? Basis wissen
Sek. I/II (AHS)
112 Seiten
Best-Nr. 1419-2 **Euro 10,00 [D]**
10,30 Euro[A] / sFr. 17,60

Bernd Matzkowski
Wie interpretiere ich Novellen und Romane? Basis wissen
Sek. I/II (AHS)
88 Seiten
Best-Nr. 1414-1 **Euro 10,00 [D]**
10,30 Euro[A] / sFr. 17,60

Bernd Matzkowski
Wie interpretiere ich Kurzgeschichten, Fabeln und Parabeln? Basis wissen
Sek. I/II (AHS)
92 Seiten, mit Texten
Best-Nr. 1456-7 **Euro 10,00 [D]**
10,30 Euro[A] / sFr. 17,60

Bernd Matzkowski
Wie interpretiere ich Lyrik? Basis wissen
Sek. I/II (AHS)
112 Seiten, mit Texten
Best-Nr. 1448-6 **Euro 11,70 [D]**
12,10 Euro[A] / sFr. 20,20

Thomas Brand
Wie interpretiere ich Lyrik? Anleitung
Sek I/II (AHS)
205 Seiten, mit Texten
Best-Nr. 1433-8 **Euro 13,30 [D]**
13,70 Euro[A] / sFr. 23,20

Thomas Möbius **NEU**
Wie interpretiere ich Lyrik?
Übungen mit Lösungen, Band 1
Mittelalter bis Romantik ET 5/2003
mit Texten
Best.-Nr. 1460-5 **ca. 11,70 Euro[D]**
12,10 Euro[A] / sFr. 20,20

Thomas Möbius **NEU**
Wie interpretiere ich Lyrik?
Übungen mit Lösungen, Band 2
19. und 20. Jahrhundert ET 5/2003
mit Texten
Best.-Nr. 1461-3 **ca. 11,70 Euro[D]**
12,10 Euro[A] / sFr. 20,20

Bange Verlag

kurz & bündig

schnelle Infos

auf das Wesentliche konzentriert

von Lehrern und Schülern getestet

Bringt's auf den Punkt!

kurz & bündig
im praktischen Taschenbuch-Format 100 x 160 mm
Die Reihe ist für alle diejenigen konzipiert, die sich schnell auf eine bevorstehende Klassenarbeit oder eine Prüfungsklausur vorbereiten müssen. Wer Unterrichtsstoff zur eigenen Sicherheit nacharbeiten oder sich intensiv auf die nächste Unterrichtsstunde vorbereiten will, der findet in „kurz & bündig" genau den richtigen Lernpartner.

Thomas Brand, Thomas Möbius
Band 1
Erörterung – Sek I (Mittelstufe)
Best.-Nr. 1434-6

Thomas Möbius
Band 2
Erörterung – Sek II (Oberstufe)
Best.-Nr. 1435-4

Brand, Lödige, Möbius
Band 3
Bildbeschreibung, Charakteristik, Referat (Mittelstufe)
Best.-Nr. 1436-2

Thomas Möbius
Band 4
Textanalyse (Oberstufe)
Best.-Nr. 1437-0

Thomas Brand, Thomas Möbius
Band 5
Inhaltsangabe (Mittelstufe)
Best.-Nr. 1438-9

Hartwig Lödige
Band 6
Grammatik (Mittelstufe)
Best.-Nr. 1439-7

Thomas Möbius
Band 7
Kurzdiktate – 4. Sj.
Best.-Nr. 1449-4

Thomas Möbius
Band 8
Kurzdiktate – 5. Sj.
Best.-Nr. 1450-8

Thomas Brand
Band 9
Kurzdiktate – 6. Sj.
Best.-Nr. 1451-6

Thomas Brand
Band 10
Kurzdiktate – 7. Sj.
Best.-Nr. 1452-4

Thomas Möbius
Band 11
Die Facharbeit (Oberstufe)
Best.-Nr. 1453-2

Thomas Brand
Band 12
Protokoll, Schilderung, Kurzvortrag (Mittelstufe)
Best.-Nr. 1454-0

Walburga Freund-Spork, Winfried Freund
Band 14
Die Ballade
Best.-Nr. 1458-3

Sigrid Frank, Thomas Möbius
Band 15
ABC der literarischen Grundbegriffe (Drama, Epik, Lyrik)
Best.-Nr. 1459-1

Jeder Band
Euro 5,00[D] / 5,20 Euro[A] / sFr. 9,00

Bange Verlag

Aufsatz

Qualität, die überzeugt!

Alle Aufsatz-Bände liegen in der 2. aktualisierten Version vor

Die Aufsatz-Lernhilfen für die Klassenstufen 5–13 behandeln die wichtigsten Aufsatzformen der genannten Jahrgänge und decken somit wesentliche Schwerpunkte des Lehrplans ab.

Die Bände enthalten sowohl die wichtigsten Informationen zu den einzelnen Aufsatzthemen als auch zahlreiche Übungsmöglichkeiten. Die Übungen bauen aufeinander auf und sind auf der Grundlage aktueller, schülernaher und unterrichtsrelevanter Texte verfasst. Inhaltliche wie sprachlich-grammatische Aspekte werden in gleicher Weise berücksichtigt.

Ziel ist es, den Schülerinnen und Schülern ein selbstständiges, schrittweises Erlernen der Aufsatzformen zu ermöglichen, das zugleich, anhand der bereitgestellten Texte, auch Spaß machen kann.

Ein Lösungsteil ermöglicht die eigenständige Kontrolle und Verbesserung der Arbeitsergebnisse.

deckt alle Schwerpunkte des Lehrplans ab

schülernahe Texte

Übungen mit Lösungen

regt zum selbstständigen Arbeiten an

Hartwig Lödige
Aufsatz – für das 5.–6. Schuljahr
Sek I / RS / Gym (HS/AHS)
Sek 118 Seiten
Best.-Nr. 1421-4 **Euro 11,70 [D]**
12,10 Euro[A] / sFr. 20,20
Folgende Themen werden behandelt:
Die Erzählung / Der Bericht / Der Brief / Die Beschreibung / Umgang mit Texten

Thomas Brand
Aufsatz – für das 7.–8. Schuljahr
Sek I / RS / Gym (HS/AHS)
180 Seiten
Best.-Nr. 1422-2 **Euro 13,30 [D]**
13,70 Euro[A] / sFr. 23,20
Folgende Themen werden behandelt:
Inhaltsangabe (auch erweitert) / Bildbeschreibung / Schilderung / Protokoll / begründete Stellungnahme und Kurzvortrag

Thomas Brand, Hartwig Lödige, Thomas Möbius
Aufsatz – für das 9.–10. Schuljahr
Sek I / RS / Gym (HS/AHS)
182 Seiten
Best.-Nr. 1423-0 **Euro 13,30 [D]**
13,70 Euro[A] / sFr. 23,20
Folgende Themen werden behandelt:
Informierende, berichtende, kommentierende Texte / Reportage / dialektische Erörterung / Geschäftsbrief / Charakteristik / Argumentationslehre / lineare Erörterung / Facharbeit / Referat

Thomas Möbius
Aufsatz – für das 11.–13. Schuljahr
Sek II / Gym (AHS)
Band 1
144 Seiten
Best.-Nr. 1424-9 **Euro 13,30 [D]**
13,70 Euro[A] / sFr. 23,20
Folgende Themen werden behandelt:
Die Inhaltsangabe / Die Erörterung / Die Textanalyse / Facharbeit

Thomas Möbius
Aufsatz – für das 11.–13. Schuljahr
Sek II / Gym (AHS)
Band 2
144 Seiten
Best.-Nr. 1425-7 **Euro 13,30 [D]**
13,70 Euro[A] / sFr. 23,20
Folgende Themen werden behandelt:
Die Textinterpretation / Epik / Lyrik / Drama / Textvergleich

Bange Verlag